LE CHEMIN
LE PLUS COURT,

PAR

Alphonse Karr,

Auteur de Une Heure trop tard ; Sous les Tilleuls.

DEUXIÈME VOLUME.

PARIS.
CHARLES GOSSELIN, | WERDET, ÉDITEUR,
9, rue St-Germain-des-Prés. | 49, rue de Seine-St-Germain.
1836.

LE CHEMIN

LE PLUS COURT.

IMPRIMERIE DE CRÉTÉ, A CORBEIL.

LE CHEMIN

LE PLUS COURT

PAR

Alphonse Karr.

> Des *sens* attribués à l'homme, le plus précieux et surtout le plus *rare*, c'est le *sens commun*.

II.

A PARIS

CHEZ LES ÉDITEURS :

CH. GOSSELIN,	ED. WERDET,
18, rue Saint-Germain-des-Prés.	49, rue de Seine-Saint-Germain.

1836.

[illegible]

[illegible]

[illegible]

[illegible]

[illegible]

[illegible]

[illegible]

[illegible]

[illegible]

[illegible]

[illegible]

[illegible] 169.6 1895.

Un Merle blanc.

J'en étais là de ma narration, lorsque je m'aperçus d'une chose assez singulière.

Il y a trois ans, je préméditai d'écrire le *Chemin le plus court;* et les libraires Gosselin et Werdet commencèrent à inscrire ce titre sur les couvertures de tous les livres qu'ils publiaient, dans toutes les annonces qu'ils achetaient aux journaux, dans toutes les affiches qu'ils apposaient aux coins des rues.

Une foule de circonstances, quelquefois bonnes, plus souvent mauvaises, m'empêchèrent, pendant trois ans, d'écrire le roman. Or, il y a quelques jours, on me vint dire que mon excellent ami J. Janin qui, outre une foule d'autres esprits, a celui de ne lire ni les affiches, ni les annonces, ni les couvertures des livres, ni même très-souvent les livres eux-mêmes, faisait annoncer, dans le *Journal des Débats*, le même jour, je crois, que la prise de Mascara, un livre en deux volumes, sous le titre de : *Le Chemin de traverse*.

Je ne sais comment on fit pour me persuader que mon livre courait les plus grands dangers; et j'écrivis à J. Janin :

« Mon cher Jules,

« J'ai vendu, il y a trois ans, à MM. Gosselin

« et Werdet, un livre ayant pour titre : *Le Chemin*
« *le plus court.*

« Tu annonces, depuis trois jours, un livre
« intitulé : *Le Chemin de traverse* : tout le monde
« va croire que je te vole ton titre.

« Jusqu'à ce que j'aie fini mon ouvrage, ces six
« syllabes représentent à mes éditeurs une
« somme de mille écus, cinq cents francs par
« syllabe ; je crois de mon devoir de veiller sur
« cette propriété, jusqu'au jour où j'y aurai
« substitué les huit cents pages in-8° qui for-
« meront mes deux volumes. »

Peut-être ne seriez-vous pas fâché de savoir
ce que me répondit mon excellent ami Janin :
voyez sa lettre textuelle et autographiée en tête
du présent volume.

J'ai cru devoir me contenter d'une aussi franche et loyale explication.

Néanmoins, je promets à la personne qui me déchiffrera cette lettre un magnifique bouquet de mon jardin.

Violettes, lilas, roses, chèvre-feuille, selon la saison.

Si l'OEdipe se fait attendre quelque temps, peut-être pourrai-je lui offrir une *rose bleue*, que j'espère bientôt obtenir, à la honte de tous les horticulteurs d'Europe, qui y ont échoué; et à laquelle, dût en hurler l'Euphonie, je me propose de donner mon nom.

Mon excellent ami J. Janin n'est pas exclus du concours.

Le Chemin le plus court.

Hugues continuait sa route; néanmoins, et de temps à autre, une bouffée de vent lui apportait quelques notes des saintes litanies que l'on chantait au rivage. A mesure qu'il approchait de Thérèse, son émotion devint si forte qu'il s'assit sur une roche.

Mais il ne tarda pas à être tiré de sa rêverie par une lame qui vint lui mouiller les pieds; il se rappela alors qu'on était dans la pleine lune, et que la mer, basse à quatre heures du matin, ne tarderait pas à être à son plus haut. Il pressa donc le pas, puis se mit à courir; mais quand il arriva à la porte d'aval, il trouva la mer pleine et le passage impossible. Il resta stupéfait. La falaise, mur infranchissable de trois cent dix pieds de hauteur, s'élevait entre lui et Thérèse; il entendait les voix entre lesquelles devait être la sienne. Il prit sa course et se hâta de regagner l'avalure d'Antifer pour revenir à Étretat par les hauteurs. La mer gagnait encore, et, pour éviter d'être pris par elle, il lui fallait courir et sauter sur les roches de pointe en pointe. Comme il arrivait devant Antifer, il glissa; son pied tourna entre deux rochers. Il voulut se relever; mais il s'était donné une entorse. Il se traîna avec d'horribles souffrance jusqu'en haut du chemin; là, il tomba sur l'herbe : sa jambe était très-enflée, il ne pouvait plus faire un pas, et n'avait d'autre espoir que d'attendre le passage d'un berger ou d'un douanier.

Immobile, il pensait à Thérèse, à cette promesse qu'il lui avait faite d'arriver le jour de l'Assomption.

Le bruit sourd d'une carriole roulant sur la terre se fit alors entendre; Hugues appela le conducteur, et la carriole s'arrêta.

— Mon ami, dit Hugues à une sorte de paysan qui conduisait, assis sur un brancart; je suis blessé : voulez-vous me porter à la ville, vous serez bien récompensé.

Deux têtes de femmes sortirent de la carriole.

Le conducteur consulta les deux femmes, et hissa Hugues dans la carriole. Celui-ci remercia ses compagnes de voyage; le conducteur remonta sur le brancard, et la voiture se remit en route pour le Hâvre.

Hugues souffrait beaucoup et voulait cependant soutenir une conversation et faire des frais d'esprit.

La plus âgée des deux femmes était encore une femme de trente ans, c'est-à-dire qu'elle n'en avait pas tout-à-fait quarante. Elle était grande, grosse, fort serrée dans son corset, portait la tête en arrière, et parlait du bout des lèvres avec une extrême prétention; elle avait le nez un peu recourbé, les yeux noirs, vifs, hardis; ses cheveux noirs étaient gros et arrangés sur chaque tempe en trois rouleaux bien pareils et d'une remarquable raideur, de telle façon qu'ils semblaient être en fil d'archal; elle avait les lèvres épaisses et un peu pendantes; ses regards, ses gestes, sa voix, étaient affectés. C'était ce que beaucoup de gens appellent une belle femme.

La plus jeune avait quelque ressemblance avec sa mère, mais avec infiniment plus de distinction. Elle avait les cheveux moins noirs et beaucoup plus fins; l'éclat de ses yeux était adouci par des cils d'une remarquable longueur;

sa bouche, sans être précisément bien dessinée, n'avait pas l'expression ignoble de celle de sa mère. Elle avait du reste, comme celle-ci, le nez un peu courbé et portait la tête renversée; les dents blanches, mais trop larges. Son visage, comme il arrive souvent aux très-jeunes filles, était un peu bouffi; du reste, elle était bien faite, et on ne pouvait s'empêcher de regretter la raideur de sa taille et de sa démarche, qui nuisait beaucoup à la perfection de ses formes. Elle levait rarement les yeux; mais alors ils avaient un doux éclat : c'étaient des yeux de velours noir; seulement, leur expression un peu langoureuse était uniforme, et il y avait presque de la tendresse dans son regard, quand elle priait à table qu'on lui passât du sel ou des radis. Elle parlait encore plus rarement, mais il y avait dans sa voix quelque chose de bref, de sec et d'arrêté; elle ne grasseyait pas. Ses mains étaient fort belles et extrêmement blanches : ce qui n'est pas commun chez les filles de dix-huit ans.

Arrivés au Hâvre, un second domestique vint aider le cocher à porter Hugues dans une chambre qu'on lui avait fait accepter. — On était trop heureuse d'avoir rencontré une occasion d'obliger un homme aussi bien élevé, pour n'en pas profiter plus long-temps; d'ailleurs, il paraissait souffrir beaucoup, il serait fort mal à l'auberge, le transport jusque chez son père le fatiguerait extrêmement et l'éloignerait des médecins.

La chambre où l'on mit l'étudiant était meublée avec recherche : tout l'ameublement concourait au bien-être. Le lit, composé d'un nombre hyperbolique de matelas, était excellent; on avait eu soin de le bassiner à la hâte; les draps étaient d'une finesse excessive. La fatigue l'endormit tout de suite. Le lendemain, un domestique vint prendre ses ordres; il envoya chercher à son auberge une partie de son bagage.

Hugues resta huit jours au lit, admirablement soigné, bercé de toutes les commodités du luxe, nourri de perdreaux, entouré de fleurs. Dans ces huit jours, il se passa tant de choses qu'il n'eut que de temps en temps le loisir de penser à Thérèse; et, d'ailleurs, ce luxe qui l'entourait lui semblait si nécessaire à la vie, qu'il résolut plus que jamais de n'épouser la fille du clerc que lorsqu'il pourrait le lui offrir.

Il remit à madame Leloup la lettre que son père lui avait donnée pour elle un an auparavant, et qui était restée dans sa redingotte où elle serait encore, sans le hasard qui lui avait fait rencontrer cette dame. Mademoiselle Louise Leloup reconnut à son doigt la petite bague qu'elle avait perdue avec un foulard, dans la diligence dans laquelle ils avaient fait route ensemble quinze mois auparavant. Hugues rendit la bague; mais il ne put rendre le foulard qu'il avait perdu. Mademoiselle Leloup se persuada que l'étudiant, saisi subitement, dans la diligence, d'une sympathique passion pour ses beaux yeux, lui avait dérobé ce double souvenir; que, forcé malgré lui de restituer l'un, il voulait au moins garder l'autre. Elle trouva fort bien jouée la surprise de notre héros, et regarda l'histoire de l'entorse comme une ruse romanesque pour se rapprocher d'elle. La jolie fille sortait de pension et avait de remarquables théories sur l'amour, ses symptômes, ses charmes et ses douleurs. Pour la mère, elle était à l'âge où les femmes pensent qu'elles ont peu de temps à rester agréables (cet âge arrive d'ordinaire lorsqu'elles ne le sont plus), et cherchent à placer ce qui leur reste de beauté, de fraîcheur, d'amabilité au plus haut intérêt possible;

A l'âge où elles cherchent leur dernier amant, et se font une vertu de la constance, quand les infidélités ne se peuvent plus faire qu'à leur détriment.

Il y a une chose que la nature avait arrangée passablement, et que les femmes ont rendue si difficile, que je la maintiens impossible : c'est de passer de la dernière jeunesse à la première vieillesse; c'est de devenir vieille femme.

La nature fait vieillir les femmes par des transitions insensibles; il faut tant de temps pour qu'une jolie femme ait perdu un à un tous ses charmes, que l'amour est devenu une habitude, et qu'il n'a plus besoin de causes au moment où il cesse d'en avoir.

La femme que l'on aimait encore hier, cessera-t-on de l'aimer demain parce qu'elle a vingt-quatre heures de plus?

Les femmes ont changé cela. Elles dissimulent si bien les premières atteintes des années, elles luttent avec une telle opiniâtreté jusqu'au dernier moment, que le jour où, découragées, elles voient le combat désormais impossible, elles cèdent brusquement, et se laissent être vieilles sans transition : passant, comme on l'a dit, de vingt-neuf à soixante, ainsi que l'on compte au piquet; de la jeunesse à la vieillesse; sans ces passages que la nature a habilement ménagés comme des crépuscules; ainsi qu'elle n'a pas voulu que le soleil disparût au milieu de son éclat, mais s'affaiblît peu à peu, adoucissant sa lumière, colorant des plus splendides couleurs les nuages où il s'enfonce, et jetant son plus doux regard avant de disparaître.

Si *quelqu'un* ne trouvait toujours mes comparaisons détestables, j'aurais comparé à ce soleil si beau, si majestueux, si doux au cœur, la beauté de ces femmes que l'on appelle femmes de trente ans, quoiqu'elles aient un peu davantage..... Ceci ne s'appliquerait qu'à celles qui savent avoir trente ans.

Madame Leloup passait au contraire cinq heures chaque jour à dissimuler six semaines de son âge. Elle tenait fidèle compagnie à notre héros, affectait de parler de Paris, où elle avait une fois passé une semaine; citait de vieilles défuntes réputations de dix ans; ne connaissait que des acteurs morts, et qui pis est des actrices vieillies et des modes et des grands hommes oubliés. Ajoutons qu'elle avait un peigne en vermeil. Elle citait surtout ses *brillantes connaissances*, les dames de Vancrey, ses voisines et ses amies intimes; ramenant leur nom à tout propos et hors de propos; ne négligeant rien pour sembler à Hugues une femme de la meilleure compagnie, si ce n'est d'avoir un peu de naturel. Par momens, elle attachait sur lui des regards assez tendres. . . . . .

. . . .

Si bien qu'un matin Hugues se disait :

Il y a des créatures qui, renfermées dans un corset, dans des souliers, dans des gants, ont la forme d'une femme;

Comme l'eau a la forme de la carafe qui la contient.

Mais ôtez le corset, les souliers et les gants, il en adviendra comme de l'eau, si vous cassez la carafe. . . . .

. . . .

Je ne sais si c'est pour cela qu'il accueillit avec une grande joie une lettre de Paris qui lui annonçait que son absence lui causait le plus notable préjudice; que s'il n'était à Paris pour le 25 août, il manquerait des travaux importans qui allaient lui être confiés, etc.

On était au 23.

Son père et sa mère étaient venus le voir chez madame Leloup. Il avait quitté Paris pour voir

Thérèse, mais il ne pouvait prendre sur lui d'aller lui dire encore : Je ne suis pas assez riche pour vous épouser; je reviendrai dans un an. Il y a quelque chose de si malheureux dans le premier regard de quelqu'un à qui on ôte une croyance, que cela, pour ma part, m'eût fait inventer les lettres, si je n'avais trouvé cette invention parfaitement établie.

Il écrivit. Pendant qu'il y était, il fit d'autres lettres, répondit à son ami de Paris, écrivit à son tailleur, etc. Comme il pliait ses lettres, madame Leloup entra dans sa chambre.

— Il faut que je parte, dit-il; je garderai toujours le souvenir de vos bontés.

— Nous partirons avec vous, répondit son hôtesse; ma fille n'a jamais vu Paris : et, comme dit mon amie intime, madame la comtesse de Vanerey, qui n'a pas vu Paris n'a rien vu.

La fille entra.

— Chère enfant, remercie ta mère, dit-elle, je te conduis à Paris; je ne regarde pas à un dérangement ni à une dépense pour te procurer quelque plaisir.

Soit que la fille ne crût pas trop à cet excès de tendresse maternelle, soit qu'elle vît avec inquiétude tout changement de situation qui pouvait l'éloigner de l'étudiant, dont sa jeune imagination avait fait le héros de son roman, elle répondit médiocrement aux caresses de sa mère.

Quand toutes deux furent sorties, Hugues mit les adresses sur ses lettres et les envoya à la poste.

Tous trois partirent le lendemain.

Pendant la route, madame Leloup pensait beaucoup à Paris et un peu à Hugues ; Louise beaucoup à Hugues et un peu à Paris ; Hugues pensait à Thérèse et faisait des vers amoureux sur l'air qu'elle chantait si bien.

VILHEM avait retrouvé chez le curé la statue de saint Sauveur, et l'avait remise à sa place, si bien scellée qu'on n'aurait pu l'en arracher sans la briser.

Thérèse avait attendu tout le jour; son espoir dura tant que le soleil fut à l'horizon : elle était sûre que Hugues allait venir le jour de l'Assomption. Mais il n'y a pas de degré, pour un cœur amoureux, entre une aveugle et noble confiance et le désespoir. Il va venir, disait-elle; puis elle pensait, sans oser se le dire : S'il ne vient pas aujourd'hui, il ne reviendra jamais.

Aussi, quand le soleil descendit dans une brume pourprée, par un mouvement involontaire, elle se leva pour le voir plus long-temps, et retarder de quelques instans le moment où allait finir le 15 août.

Toute la soirée, Vilhem, le clerc et Thérèse ne se disaient rien; mais les pas qui, par momens, se faisaient entendre dans la rue, broyaient le cœur de la pauvre fille. Vilhem voyait ses joues s'empourprer et pâlir.

Mais maître Kreisherer s'avisa de dire : Allons, il ne viendra pas aujourd'hui. Elle se leva en sanglotant, et alla s'enfermer dans sa chambre, où elle passa la nuit à pleurer et à prier.

Maître Kreisherer voulut rejoindre sa fille pour la consoler, mais Vilhem l'arrêta et lui dit : Restez, maître ; il n'y a qu'un confident pour ces douleurs-là : c'est Dieu ; il n'y a qu'un adoucissement : ce sont les larmes.

Deux jours après, Thérèse reçut une lettre ainsi conçue :

« Il est singulier que vous vous occupiez si
« peu de ce que je vous ai commandé. Il ne faut
« pas trois mois pour faire une redingotte ; si
« la mienne n'est pas faite le jour de mon arri-
« vée, je m'adresserai à une autre personne.

« HUGUES. »

Hugues s'était trompé en mettant les adresses. Ainsi le tailleur reçut-il une lettre fort tendre, une série d'argumentations sur la nécessité du bien-être en ménage, des projets pour l'avenir, des promesses, et quatre vers assez mauvais, avec une prière de lui répondre à Paris.

Il ne comprit à cela que le nom de Hugues, qui terminait la lettre; se rappela qu'il avait une redingotte à lui porter, et pensa que la meilleure réponse qu'il eût à faire à l'étudiant était de lui obéir.

De ce moment, Thérèse se crut offensée et ne pleura plus; mais elle chercha la solitude, ne chanta plus aucun des airs qu'elle avait chantés avec l'étudiant, et ses joues s'amaigrirent. Comme elle ne pleurait plus, maître Kreisherer crut qu'elle l'avait oublié. Vilhem seul la comprenait et lui montrait une douce pitié, sans jamais faire la moindre allusion à ce qui la préoccupait. Les peines et les joies de l'amour ont une sainte pudeur qui leur fait craindre la confidence comme un sacrilége.

A Paris, Hugues trouva des travaux urgens, des amis à revoir, des affaires à remettre en ordre. Il alla voir deux ou trois fois ses compagnes de voyage, puis les oublia. Madame Leloup vint une fois le trouver à son atelier, et l'accabla des plus vifs reproches. Le lendemain, Hugues emporta quelques toiles et partit pour la campagne : le mois de septembre donnait une grande richesse au paysage; et d'ailleurs, après avoir contemplé quelque temps cet aspect sombre et imposant des côtes de Normandie, on aime à revoir une rivière couler entre ses deux rives vertes, et les martins-pêcheurs, au plumage d'émeraude, sortir des saules en faisant entendre un cri aigu au milieu du silence.

Un matin, il rencontra, au détour d'une haie, madame Leloup et sa fille. Il y avait douze jours qu'il n'avait vu d'autres femmes que des blanchisseuses, et il ne croyait plus aux filles des champs. Il accueillit mieux ces dames que la mère ne s'y attendait.

La fille était aussi surprise qu'émue; la mère était peut-être émue, mais elle n'était nullement surprise.

Elles demeuraient dans le village depuis le matin. La santé de sa fille avait exigé un séjour à la campagne, et elles y resteraient jusqu'à ce que certaines affaires qu'elles avaient à Paris fussent terminées. Elles se félicitaient de l'heureux hasard, etc.

Quand les deux femmes furent seules chez elles, Louise se jeta en pleurant dans les bras de sa mère.

— O ma mère, ma bonne mère, lui dit-elle, tu as lu dans le cœur de ta fille; tu as deviné un secret qui le remplit; tu as eu pitié de ce que je souffrais depuis douze jours; tu sais que je l'aime. Ma chère mère, embrasse ton heureuse, ta reconnaissante enfant. Il était bien étonné, ému peut-être. Penses-tu qu'il m'aime?

La mère alors comprit son imprudence. Elle maudit ce caprice auquel elle avait sacrifié peut-être le bonheur de sa fille. Elle embrassa sa fille avec tendresse; puis elle songea que cette fille était sa rivale, et elle la repoussa.

Peut-être, si elle eût pu encore lui faire croire que le hasard seul avait amené leur rencontre avec l'étudiant, l'eût-elle emmenée; mais Louise était si persuadée du contraire, qu'il fallait accepter sa reconnaissance, ou lui laisser deviner la vérité.

Le lendemain, Hugues, pour la première fois, remarqua Louise. Elle avait dix-huit ans, elle était belle, elle était heureuse. Il lui donna quelques fleurs qu'il avait cueillies sur le bord de la rivière ; leurs doigts se touchèrent : elle rougit et trembla.

Madame Leloup découvrit que, si Hugues venait quelquefois les voir, s'il les accompagnait dans quelques promenades, c'était pour être auprès de Louise. Elle comprenait que l'assiduité de l'étudiant n'était ni flatteuse pour sa vanité, ni bien douce pour son amour ; que, d'ailleurs, l'avenir de sa fille, déjà compromis par son imprudence, se perdait d'heure en heure. Mais elle aimait l'étudiant, c'était son dernier amant, elle ne pouvait se résoudre à fuir ou à le congédier. Dans ses plus inébranlables résolutions, elle se disait : Je le verrai encore une fois et je partirai ; j'emmènerai Louise, je la distrairai, je la consolerai : elle l'oubliera.

Mais le lendemain Hugues lui adressait la parole avec un peu plus d'aménité que de coutume, et Louise, heureuse de l'avoir revu, d'avoir reçu une fleur, embrassait sa mère pour la remercier, et elle se disait : Demain, demain — et le lendemain, il y avait une promenade projetée, et le départ était encore retardé.

Un jour, comme elle était seule avec notre héros, un projet lui passa par la tête, sans qu'elle se l'expliquât bien à elle-même : elle l'accueillit avec empressement.

— Hugues, lui dit-elle, vous avez du talent, quelque réputation qui s'augmentera ; vous êtes appelé à une belle position, car le talent arrive à tout, comme dit mon amie, madame de Vanerey — épousez Louise.

Hugues recula d'étonnement. Il trouvait Louise une belle fille; mais il aimait Thérèse, et le seul but de ses travaux était d'arriver à être assez riche pour pouvoir lui donner tout le luxe qui, à ses yeux, était l'atmosphère nécessaire d'une femme.

3*

— Épousez Louise, continua madame Leloup; elle a quelque fortune, cent mille francs en se mariant, et autant après moi. Nous vivrons tous les trois ensemble; je serai votre mère; nous demeurerons à Paris. Je me retrouverai dans un monde pour lequel j'étais née, dans lequel j'ai de brillantes connaissances, parmi lesquelles je vous citerai madame la comtesse de Vanerey. Ne me répondez pas aujourd'hui, pensez à ma proposition; vous me répondrez dans quelques jours.

Elle le laissa seul.

Hugues se dit : Elle est folle; j'épouserai Thérèse, ou je ne me marierai pas.

Cela le mit de mauvaise humeur. Il alla à Paris.

Il n'y avait pas de lettre de Thérèse. Il n'en avait pas reçu depuis son départ du Hâvre, lui qui croyait lui avoir envoyé une si tendre missive; et au moment où il lui faisait un sacrifice, au moment où il refusait pour elle une fortune qu'il n'atteindrait jamais par son travail, il lui semblait que cet oubli était plus coupable.

Une lettre de Paris lui annonçait que l'entreprise pour laquelle il était revenu si précipitamment était manquée.

Une toile commencée, et sur laquelle il fondait d'assez grandes espérances d'argent, avait été crevée par une maladresse du portier.

Un homme qui lui devait de l'argent était en route pour plusieurs mois.

Un homme auquel il en devait lui avait écrit pour lui faire une réclamation à peu près impertinente.

Il découvrit que son habit marron à collet de velours commençait à se faner assez évidemment pour qu'il fallût songer bientôt à lui donner un remplaçant.

Tout cela le jeta dans un étrange découragement.

Hugues laissa passer quelques jours sans retourner à la campagne, attendant chaque jour, à chaque instant, une lettre de Thérèse. Cependant, il écrivit à madame Leloup :

« Je vais agir en honnête homme. Votre fille
« est jolie, mais je ne suis pas amoureux d'elle :
« je ne pense pas qu'elle m'accepte ainsi. Je vous
« remercie de vos bonnes intentions à mon
« égard ; vous voyez que je ne puis les ac-
« cepter. »

Madame Leloup lui répondit : « Que l'amour n'était pas nécessaire dans le mariage ; que, lorsqu'on épouse une femme avec des illusions, on croit avoir été trompé quand on ne trouve pas en elle ce que l'amour nous y avait fait imaginer ; qu'au contraire, un mariage formé par un simple rapport de convenances et d'affections, apporte tous les jours de nouvelles chances de bonheur ; que, d'ailleurs, madame la comtesse de Vancrey, qui avait épousé un homme fort amoureux d'elle, avait été très-malheureuse en ménage, tandis que madame la baronne, sa sœur, n'avait eu qu'à se féliciter d'un mariage de convenance et de raison. »

Thérèse ne répondait pas; cependant Hugues refusa encore : il était beaucoup plus près de céder que lors de sa première lettre. L'abandon de Thérèse lui faisait regarder son amour comme une folie de jeune homme, comme une des nombreuses illusions qu'il avait déjà successivement vues s'évanouir.

C'est pour cela que sa lettre fut dure. Il était indigné de toutes les bonnes raisons qu'il trouvait en lui-même pour ce mariage.

C'est un sentiment qu'une femme aurait dû comprendre — la femme qui se voit vaincue sent un mouvement de haine contre son vainqueur, quelque adoré qu'il soit.

Si Hugues avait été bien décidé, un refus simple eût été sa réponse. Il se vengeait sur madame Leloup de ses propres irrésolutions.

Elle ne vit dans sa lettre qu'un refus formel, et prit une résolution en conséquence.

Mais la prudence humaine est une si bouffonne chose, que, sans aucun doute, elle ne dut son succès qu'à cette erreur.

Elle arriva dans l'atelier de l'étudiant, et se jeta à ses genoux.

— Hugues, lui dit-elle, vous et moi nous avons perdu ma fille; mon funeste amour m'a fait tout risquer pour être auprès de vous. La malheureuse enfant vous aime; depuis dix jours qu'elle ne vous a vu, elle est changée à faire pitié. Au nom du Ciel! ne me punissez pas de ce que je n'ai fait qu'à cause de vous! Je ne vous tourmenterai plus de mon amour; je le sacrifierai à ma fille que j'y ai sacrifiée. Épousez-la, au nom de tout ce qui vous est cher! ou seulement venez la voir! Vous verrez sa pâleur, son chagrin mortel! J'aimais à parler de vous, et je ne pensais pas que j'allumais un feu cruel dans la tête de la pauvre enfant!

Madame Leloup avait naturellement l'esprit

commun; mais, en ce moment, son malheur était réel, et elle avait une sorte d'éloquence.

Hugues répondit : Je n'aime pas votre fille.

— Vous l'aimerez; elle est douce et aimante. Venez la voir, venez lui rendre la vie! car vous avez contribué à rendre folle la pauvre enfant! Vous avez paru vous occuper d'elle. A son âge, on ne sait pas distinguer l'amour du caprice; on s'y trompe plus tard! ajouta-t-elle en soupirant.

Hugues ne l'écoutait plus, heureusement pour elle; car cette allusion à un amour non partagé eût détruit tout l'effet de sa plaidoirie. Il appela son portier et demanda s'il y avait des lettres.

O Thérèse! pauvre enfant! si tu avais écrit un mot, si tu avais envoyé une de ces larmes que tu versais en pensant à ton amant, il quittait tout pour retourner à toi! toi si belle, si pure, si digne d'être aimée!

Hugues retourna à la campagne avec madame Leloup.

Un Mariage d'argent.

Il est bon de dire qu'il n'existait réellement aucune liaison d'amitié, ni même d'habitude, entre madame Leloup et les dames de Vanerey.

C'étaient deux femmes qui joignaient à quelque esprit naturel cet esprit négatif que donne l'usage du monde, et qui empêche de jamais rien faire ni dire de choquant ou d'inopportun.

La comtesse de Vanerey passait cinq mois de l'année dans une maison de campagne distante de deux lieues de l'habitation de madame Leloup. Quelques relations s'étaient établies à propos des bornes respectives de deux champs limitrophes. Madame Leloup avait fait une visite en grande pompe; elle n'avait pas manqué de prendre les politesses générales de ses voisines pour les preuves de la plus touchante sympathie. Au bout de deux heures, elle avait appelé madame de Vanerey, *ma belle;* mais celle-ci s'était tellement obstinée à l'appeler madame, que madame Leloup s'était vue obligée de revenir à une appellation moins familière. A quelques jours de là, on lui avait rendu sa visite. Gonflée d'un tel honneur, madame Leloup avait commencé à dire : Ma chère amie, la comtesse de Vanerey.

Elle avait, pour sa seconde visite, fait venir une calèche du Hâvre; mais les chemins ne lui avaient pas permis d'arriver en calèche jusque dans la cour de sa chère amie. Elle ne put se consoler qu'en maudissant les chemins qui n'avaient pas permis à sa *calèche* d'avancer; en blâmant le maire et le préfet du département qui négligeaient entièrement l'entretien des routes.

Cette fois, on la retint à dîner.

Quand il s'agit de rendre le dîner, elle acheta tout ce qui se trouva à manger dans la ville, elle emprunta des domestiques et de l'argenterie, n'invita que les gens les plus comme il faut, et se brouilla avec tous ceux qui ne furent pas invités. Ce dîner, qu'elle appelait sans cérémonie, la força de vendre une pièce de pré. Sa toilette était un bizarre assemblage de toutes les couleurs du prisme, et, je crois, de quelques autres encore. Il y avait dans ses manches plus d'empois qu'il ne s'en vend en trois semaines dans Paris; ses cheveux étaient crêpés avec fureur; ses dix doigts étaient surchargés de trente-cinq bagues.

Elle ne cessa de prier ses convives d'excuser la médiocrité du petit repas qu'elle leur offrait; mais on ne se gêne pas avec ses amis. On servit soixante livres de viande pour dix personnes. Du reste, elle ne s'adressait jamais qu'aux dames de Vanerey, affectant un mépris qu'elle croyait plein de distinction pour ses autres convives.

Elle insistait sans miséricorde pour faire manger *ses amies*, surchargeait leurs assiettes malgré elles, et leur inspira deux ou trois fois l'inquiétante pensée qu'elle avait dans l'esprit de les forcer à absorber l'horrible quantité de nourriture qu'elle avait rassemblée.

Ajoutons qu'elle avait fait brûler des parfums dont l'odeur se mêlait à celle des sauces; qu'elle appelait, grondait et invectivait ses domestiques. Elle suait, soufflait et crevait dans sa peau, devenue complètement garance. Elle semblait un hanneton apoplectique. . . . .
. . . .

C'était là l'origine de sa liaison avec madame de Vanerey. Du reste, quoiqu'elles l'évitassent de leur mieux, ces dames ne pouvaient paraître lui savoir mauvais gré de son empressement.

Aussi, une fois le mariage de sa fille décidé, n'eut-elle rien de plus pressé que d'aller faire une visite à madame de Vanerey, qu'elle n'avait jamais vue à Paris. Elle pensa qu'il serait bien flatteur pour elle d'avoir *ses deux chères amies* au mariage de Louise.

Elle se para donc comme pour une grande soirée, et arriva chez madame de Vanerey vers midi, heure où se font en province les visites du matin. Elle avait trois plumes jaunes sur un chapeau de la même couleur, sous prétexte que *le jaune est le fard des brunes;* elle était en outre parée d'une robe verte changeante, avec des souliers de prunelle noirs attachés par des cordons blancs; ses gants étaient en tricot de soie à larges mailles, pour ne pas cacher ses bagues.

Madame de Vanerey était à peine levée; elle

dissimula de son mieux l'embarras que lui causait cette visite si matinale et si imprévue, qu'elle pouvait se mettre dans la classe des *tuiles*.

On *fut enchanté de se revoir.*

De loin, il n'y avait rien de si simple pour madame Leloup, que d'inviter ses intimes amies à assister au mariage de sa fille.

Mais, de près, sa liaison avec madame de Vanerey se présentait à elle sous son véritable jour, et la chose devenait plus difficile; aussi n'aborda-t-elle pas la question brusquement.

— Il fait beau temps aujourd'hui, dit-elle.

La chose n'était pas contestable; madame de Vanerey ne répondit que par un signe d'assentiment.

— Moi, ajouta madame Leloup, je préfère de beaucoup le soleil aux temps humides.

Elle continua sur ce ton, et, après mille détours, elle arriva à annoncer à sa voisine le mariage de Louise. — Nous n'avons pas ici de parens, pas d'amis; j'ai pensé que peut-être vous voudriez honorer de votre présence le mariage de Louise, à laquelle vous avez toujours daigné prendre quelque intérêt.

En attendant la réponse, elle était si perplexe que madame de Vanerey ne crut pas devoir refuser. Ce point conquis, elle obtint encore qu'un cousin de madame de Vanerey accompagnerait ces dames. Elle se retira enchantée, et annonça à Hugues : — Mon amie, madame la comtesse de Vanerey, et la baronne, sa fille, assisteront à votre mariage, et aussi M. le chevalier Stanislas, baron de Vanerey, chevalier de Saint-Michel et de Saint-Louis.

Quelques jours après, on présenta Hugues aux dames de Vanerey.

La veille de la signature du contrat, madame Leloup prit à part son gendre et sa fille.

— Écoutez-moi, mon cher Hugues, lui dit-elle; je suis coupable envers vous, mais rien n'est fait encore, et je suis prête, ainsi que ma fille, à vous rendre votre parôle : je vous ai trompé. Mon bien est fort entamé; quelques dépenses folles pour l'éducation de ma fille chérie m'ont ruinée : je n'ai plus aujourd'hui qu'une valeur de cent mille francs à partager avec vous.

Hugues fut frappé comme d'un coup de foudre.

Il aurait bien accepté, et avec joie, une semblable condition avec Thérèse, qu'il aimait; son travail eût fait le reste; mais il épousait Louise parce qu'il la voyait malheureuse à cause de lui, parce qu'il se croyait oublié de Thérèse; parce qu'il voyait, dans les cent mille francs qu'elle devait avoir en dot, la base d'une vie calme, sans inquiétude, sinon heureuse; toute livrée aux arts; et aussi dans la fortune de la mère, qui devait lui revenir, un sort assuré pour les enfans de Louise.

Il ne voulait pas épouser Thérèse, parce qu'il ne se trouvait pas assez riche; Thérèse qu'il aimait, Thérèse pour laquelle il aurait travaillé de si bon cœur : et il allait épouser Louise, qu'il n'aimait pas, à peu près dans les mêmes conditions.

Cependant, comment dire à une femme, à une jeune fille : Je vous épousais avec cent mille francs; vous n'avez plus que cinquante mille francs, je ne vous épouse plus.

La mère ajouta : Je vous l'ai dit, vous êtes le maître de rompre tout; oubliez le scandale que cela causera, ne pensez pas à l'étonnement de madame la comtesse de Vanerey, de la baronne sa fille, et de M. le chevalier Stanislas de Vanerey; ne songez pas à ma pauvre fille qui vous aime, à moi si heureuse d'être votre mère, et qui mourrai de désespoir. Abandonnez-nous!

Louise pleurait. Hugues lui prit la main et dit : Vous serez ma femme ; nous nous retirerons à la campagne, et nous serons un peu plus pauvres.

— Venez sur mon cœur, mes enfans, s'écria madame Leloup.

Mais Louise avait plus envie de tomber aux pieds de Hugues que dans les bras de sa mère; et Hugues eût voulu tomber dans un précipice sans fonds.

— Ah! ajouta madame Leloup, je vivrai avec vous; je vous donne dès aujourd'hui *ma fortune* : tout ce que j'ai est à vous.

Ici l'auteur brise et jette au feu la changeante et chatoyante plume de colibri, avec laquelle il a écrit jusqu'ici.

Il prend, pour continuer l'histoire de son héros, une plume d'un noir corbeau qu'il a tué ces jours passés dans la neige.

E jour du contrat, il arriva que les biens ne se trouvèrent plus que de soixante mille francs; que madame Leloup ne donnait que vingt mille francs à sa fille; que l'on mariait les conjoints sous le régime dotal, ce qui ôte au mari la disposition des biens de sa femme; que ces vingt mille francs devaient être pris sur une terre que l'on vendrait ultérieurement; que quatre mille francs seraient alloués à Hugues à titre de frais d'installation; que ces quatre mille francs seraient pris sur les vingt mille : ce qui lui laissait à peu près huit cents francs de rente.

Hugues fit quelques observations; alors madame Leloup s'écria : Que rien ne lui coûterait pour assurer le bonheur de *ses enfans;* qu'elle donnait tout ce qu'elle possédait. Le notaire et un parent éloigné de madame Leloup se récrièrent sur cet excès de générosité.

On ajouta au contrat que madame Leloup donnait à sa fille ses soixante mille francs, à la charge par Hugues de faire à sa belle-mère une pension viagère de deux mille francs; ce qui laissait les choses exactement dans le même état qu'auparavant.

—Ah! dit-elle, mon amie, madame la comtesse

de Vancrey, me le disait bien encore l'autre jour :
Il n'y a pas de plus grand bonheur que de se sacrifier pour une fille chérie.

Hugues signa. — Louise signa.

ugues passa la soirée avec l'oncle Jean. Celui-ci était plus habile que son neveu, et lui montra clairement sa situation. Il avait accepté des charges énormes que seraient fort loin de

compenser les minimes avantages du contrat. L'apparente générosité de madame Leloup ne servirait qu'à l'obérer davantage.

— Cher oncle, répliquait Hugues, j'ai averti la mère et la fille que nous vivrions à la campagne; que nous ne verrions pas le monde, parce que je ne voudrais pas aller avec une femme en parasites chez des gens que nous serions trop pauvres pour recevoir.

— Ont-elles compris ton sacrifice. Un artiste, avec peu d'argent, est très-bien reçu partout, sur le pied de la plus cordiale égalité. Tu renonces aux plaisirs et aux avantages du monde. Mais si tu es amoureux, il n'y a rien à dire.

— Je ne suis pas amoureux.

— Alors tu es fou.

— Non, mais je crois mon honneur engagé.

Elles ont paru consentir de grand cœur à tous

mes arrangemens. J'ai déjà loué une p tite maison; elle est presque prête pour nous recevoir.

— Songe bien, dit l'oncle, à ce que tu fais : tu sacrifies ton avenir à ce que tu crois l'accomplissement d'un devoir; tu seras malheureux et tu n'accompliras pas ce prétendu devoir.....

Ici l'oncle Jean donna, contre le mariage qui se faisait le lendemain, tant et de si bonnes raisons, que Hugues lui avoua qu'il n'était pas encore décidé, et qu'il comptait sur l'insomnie de la nuit pour prendre une résolution.

— Les raisons pour mon mariage, les raisons contre, se balancent parfaitement; un fétu ferait pencher la balance d'un côté ou de l'autre.

Au même moment, madame Leloup disait à sa fille : Ne t'effarouche pas de l'apparente sévérité de ton mari. Crois-moi : tu es jolie; il sera enchanté de te faire voir; il ne tardera pas à revenir à Paris. Nous irons dans le monde, nous irons aux spectacles, nous recevrons. Une femme un peu adroite finit toujours par faire faire à son mari ce qui lui plaît. Sans me citer, j'en connais mille exemples, et dans la classe la plus distinguée de la société. Madame la comtesse de Vanerey, mon amie intime, a fait quitter le *métier des armes* à feu M. le comte de Vanerey, tout passionné qu'il était pour la vie militaire.

De tout cela, Louise n'écoutait ni n'entendait un seul mot; elle se mariait le lendemain. Deux toilettes étaient étalées sur des fauteuils : une surtout en satin blanc lui faisait doucement battre le cœur.

A ce moment, il se passait des choses qui devaient nécessairement faire pencher la balance contre le mariage de Hugues. Pour en bien juger, il nous faut retourner à Étretat, quelque temps avant la signature du contrat qui mariait les fortunes de Hugues et de Louise.

Un soir, comme la mer commençait à monter, Vilhem marchait rapidement pour pouvoir arriver à temps à la porte d'aval, en revenant d'Antifer, où il était allé visiter quelques filets. Une large bande de pourpre s'étendait à l'horizon, vis-à-vis d'Étretat. Quelques lames, qui venaient blanchir à leurs pieds, avertissaient les laveuses, qu'il était temps de ramasser le linge.

Thérèse, qui était venue sur le bord de la mer pour surveiller ses laveuses, s'était rapprochée de la porte d'aval, et, debout sur la grève, se livrait au recueillement de cette heure mystique. Elle était plongée dans de mélancoliques rêveries; puis elle s'amusa à tracer sur un sable fin le nom de Hugues et le sien.

Une lame glissa sur la rive, et, quand elle retomba à la mer, les deux noms étaient effacés, et n'avaient laissé aucune trace sur le sable uni. Thérèse leva les yeux au ciel.

A ce moment, Vilhem avait passé sous l'ogive, et reconnut le beau profil de la fille du clerc. Il comprit la douleur de ces yeux levés au ciel, et devina les larmes qui les humectaient sans couler.

Il approcha d'elle comme elle écrivait encore les deux noms que la lame effaça comme la première fois.

— Pauvre enfant! dit-il.

Thérèse se retourna et leva sur lui un regard de reconnaissance. De tous les gens qu'elle voyait, Vilhem était le seul qui comprît ses douleurs; quoiqu'elle ne lui eût jamais dit un mot, elle le regardait comme son confident. Il arrivait à propos.

Elle se voyait seule au milieu de cette immensité; ses yeux s'étaient levés vers le ciel comme son seul refuge; mais le ciel était bien haut, quoique, le soir, l'ombre semble l'abaisser et le rapprocher de nous. Cette voix de Vilhem, cette voix qui compatissait à ses douleurs, sans qu'elle eût besoin de les dire, l'émut doucement : elle tendit la main au pêcheur.

— Pauvre enfant, dit Vilhem, vous êtes bien malheureuse; je crains que votre douleur ne soit que trop bien fondée; mais, quelle que soit la vérité, elle sera moins pénible que l'incertitude qui vous tue. — Dans trois jours, je partirai pour Paris, — je saurai tout et vous dirai tout.

— Vilhem, dit la fille du clerc, Dieu seul a pu vous inspirer une si bonne pensée ; si vous saviez comme, depuis quelque temps, j'en suis persécutée. D'abord je voulais y aller moi-même ; mais je n'ai pu lutter un seul instant contre la terreur d'un voyage, seule. Et puis que ferais-je, une fois à Paris, je mourrais de peur et de honte. J'avais bien pensé à vous, mon ami ; et je crois bien que j'aurais fini par vous prier de partir.

— Je partirai dans trois jours, répéta Vilhem.

Toutes les blanchisseuses étaient parties. Vilhem et Thérèse retournèrent ensemble chez maître Kreisherer. Le maître de musique était malade.

Le vent qui tournait à l'ouest devint très-violent vers la dixième heure du lendemain. Un grand nombre de pêcheurs étaient sur la plage, et regardaient avec quelque inquiétude les progrès du mauvais temps.

D'épaisses vapeurs grises pesaient sur la mer

qui se gonflait et blanchissait au loin en lames courtes et pressées qui se brisaient les unes sur les autres; des coups de vent subits et tourbillonnans emportaient au loin l'écume que les lames en se retirant laissaient sur le galet.

— Grâce à Dieu, disait Moïse Aubry, il n'y a personne dehors.

— Et, ajouta un autre maître, il n'y a qu'un fou qui serait sorti aujourd'hui; le mauvais temps ne nous a pas pris en traîtres : depuis ce matin, le vent tourne au *sur-oué*.

Quelques laveuses qui seules avaient bravé le mauvais temps, s'entretenaient à la fontaine.

— La pauvre fille est tout de même bien triste.

— Voilà ce qui arrive à toutes ces belles demoiselles, il leur faut des messieurs, et elles se font attraper.

— On n'abandonne pas une fille tant qu'elle a quelque chose à donner.

— Elle ne pleurerait pas tant, si elle avait été plus sévère. Et hier, elle semblait croire qu'il allait venir sur quelques rayons du soleil couchant ; maintenant, le jeune homme a pris sa volée, et il n'approchera pas plus d'Étretat, qu'un goëlan par un vent de terre.

— Cette pauvre fille, c'est malheureux tout de même. Qui est-ce qui voudra l'épouser, à présent ; certes, je ne lui donnerais pas mon fils.

— Ni moi.

— Ni moi.

La mer était tellement grosse que les laveuses ne purent rester.

— Eh ! dit Samuel Aubry, voici là-bas un chasse-marée vigoureusement battu.

Tous les regards se portèrent à l'horizon.

— Ce n'est pas un chasse-marée : l'embarcation que nous voyons est moitié moins grosse.

— Diable! je ne la vois plus.

— Ah! si, la voilà sur la pointe d'une vague.

— Plus que ça de tangage, merci!

— J'aime mieux qu'ils soient dehors que moi.

— Mais voyez, comme il a l'air d'attérir.

— Bien mieux, il arrive, et d'une bonne vitesse, vent arrière, et un joli vent!

— Mais c'est un bateau d'Étretat!

— Pas possible!

— Voyez, attendez, quand nous le verrons en flanc. Tenez, voyez la chique!

Tout le monde s'écria : — C'est un bateau d'Étretat!

Ce que l'on appelle *la chique*, à Étretat, n'est autre chose que le beaupré, c'est-à-dire le petit mât horizontal qui s'alonge en montant au dessus de la proue. Les bateaux d'Étretat ont le beaupré incliné en bas, au lieu que les autres embarcations le portent dans un sens opposé.

On s'empressa de compter les bateaux.

Il ne manquait que le canot de Vilhem Girl.

— Aussi bien, il n'y a que lui pour aller à la mer par un temps pareil, comme si un marin n'était pas toujours sûr de mourir dans l'eau tôt ou tard, sans aller ainsi s'exposer à plaisir; et puis engagez-le à sortir par un temps superbe, il se couchera sur l'herbe et ne bougera pas.

— Je ne donnerais pas dix mesures de harengs de Vilhem et de son canot.

— Oh! il connaît la côte.

— Il ne suffit pas de connaître la côte. Comment voulez-vous qu'une mauvaise coquille de noix lutte contre un vent et une mer aussi durs.

Cependant le canot approchait, et on distinguait déjà les voiles brunes et tannées de Vilhem;

elles étaient larguées, et le canot bondissait sur les lames.

Néanmoins, il ne déviait guere de sa ligne, et il finit par arriver.

Tout le monde lui prêta la main, et on hissa le bateau sur le galet.

Vilhem en sortit avec Schütz et un pêcheur qu'il emmenait ordinairement. Celui-ci était horriblement pâle.

On fit des reproches à Vilhem. — Ah! dit-il, j'avais besoin d'argent, et j'espérais prendre des maquereaux; mais je n'ai pas *eu la chance*. Heureusement que j'ai une autre ressource.

Le lendemain, il alla trouver M. le maire au moment où il arrivait sur le perré avec M. Bernard et Rolland.

— Est-il vrai, dit-il à M. le maire, que vous donnez votre démission et que vous ne voulez plus *gouverner* la commune?

M. le maire fut un peu étourdi de cette question, lui qui serait mort de chagrin du jour où il aurait perdu ses dignités.

— Eh! qui a pu, maître Girl, vous dire une pareille sottise?

— On en parlait au Hâvre, dit maître Girl, lors du dernier marché; c'est un mareyeur qui me l'a rapporté; et je l'ai cru d'autant plus facilement qu'il me semble que, depuis quelque temps, M. le maire ne s'occupe plus de ses administrés avec le même plaisir. Il y a fort longtemps que l'on n'a assemblé le conseil municipal et que M. le maire n'a parlé. Cependant, il y a quelques désordres dans la commune; les cultivateurs et les pêcheurs ne peuvent s'accorder: quelques bons avis aux uns et aux autres ne seraient pas hors de saison. M. le maire voudra bien m'excuser si je lui donne des conseils; je n'y suis porté que par l'intérêt que je porte à la commune.

— Vous n'avez pas tout-à-fait tort, maître Vilhem Girl, reprit le maire; et je suis tellement de votre avis que j'avais déjà jeté mon discours sur le papier; mais cela était d'un style trop élevé, d'un ordre d'idées trop abstrait pour être compris par nos habitans.

J'aurai donc recours à vous, maître Girl; faites-moi un petit discours comme le dernier: il n'était vraiment pas trop mal; moi, je me laisse trop emporter par mes habitudes de haute éloquence.

Vilhem s'inclina. Le lendemain matin, il porta son discours, en reçut le prix, et alla trouver Thérèse en costume de voyage. — J'ai l'argent nécessaire, dit-il; ce n'a pas été sans peine, mais je l'ai. Je pars.

— Quoi, dit Thérèse, déjà!

— Le troisième jour, comme je l'avais annoncé.

Thérèse l'accompagna jusqu'à la sortie du pays. Elle cueillit une branche d'ajoncs et dit à Vilhem : S'il ne m'a pas oubliée, donnez-lui cette branche : cela lui rappellera les côtes d'Étretat.

Mais s'il n'est plus temps, rapportez-moi la branche, vous n'aurez rien à me dire; en la voyant, je connaîtrai mon sort, je saurai m'y soumettre. Jamais vous ne me parlerez de lui.

Puis elle baisa la grosse tête de Schütz qui bondissait de joie de se mettre en route : elle pensait que Hugues lui ferait peut-être la même caresse.

Vilhem la quitta. — Le quatrième jour au soir, dit-il, je serai à Paris; je me reposerai un jour, et le neuvième j'arriverai ici.

Quand elle l'eut perdu de vue, elle s'écria : Bon voyage! portez-lui ce qu'il m'a laissé de mon cœur et de mon âme. Puis des sanglots s'échappèrent de sa poitrine.

D'après un calcul assez savant que j'ai fait, et dont je ne vous ferai pas subir les détails, Vilhem, qui s'était fixé d'avance le chemin de chaque jour, serait arrivé à la porte de Hugues, précisément au moment où celui-ci disait à l'oncle

Jean : Un fétu ferait pencher la balance d'un côté ou de l'autre.

Et, sans aucun doute, le mariage eût été rompu. Hugues aurait su combien Thérèse l'aimait; il se serait enfui et serait retourné avec Vilhem Girl à Étretat.

Mais Vilhem éprouva en route un retard de six heures.

Non loin de Rouen, Vilhem, se trouvant dans une auberge, prit sur une armoire un morceau de papier pour allumer sa pipe; il fut singulièrement surpris en reconnaissant l'écriture de l'étudiant. Il lut ce que contenait le pa-

pier : c'était la moitié d'une lettre déchiré
Voici ce qui restait :

« J'aime
« de me
« Thérèse :
« Rien ne pourra,
« m'en séparer
« beaucoup plus

« Hug

Vilhem chercha sur l'armoire dans l'espoir de trouver l'autre morceau de cette lettre.

Une fille de l'auberge lui dit qu'elle avait vu, le matin, un garçon de charrue déchirer un papier, remettre la moitié sur l'armoire, et faire du reste un cornet pour mettre du tabac à fumer.

— Il l'aura encore, dit-elle, s'il ne s'en est pas servi pour allumer sa pipe. Il reviendra à la nuit.

Vilhem apprit qu'un jeune homme dont le

signalement convenait parfaitement à l'étudiant, avait passé, quelque temps auparavant, avec deux femmes; qu'il avait beaucoup écrit et laissé quelques brouillons; qu'il n'était pas impossible que ce papier vînt de lui.

Vilhem attendit le garçon de charrue. Cette lettre, dont le sens paraissait si favorable à Thérèse, l'intéressait vivement.

Le garçon avait encore son cornet et le donna à Vilhem. Voici ce que contenait le second fragment :

beaucoup que ton marchand s'avise
proposer cent francs de ma copie de Sainte-
c'est ce que j'ai fait de mieux.
dans aucun cas,
s'il ne m'en offre
d'argent.

UES. »

C'est ainsi que Vilhem perdit six heures et n'arriva que le lendemain du jour où il devait naturellement arriver, et où sa présence eût eu une influence si heureuse.

Le mariage se fit comme tous les mariages. Madame Leloup et sa fille étaient éblouissantes ; les dames de Vanerey étaient bien mises, sans être précisément parées. Il y eut ensuite un splendide déjeuner. Hugues ne mangea pas. En sortant de l'église, il avait frissonné en entendant tout à coup retentir à ses oreilles ce sifflet par lequel Vilhem avait coutume d'appeler Schütz sur les grèves d'Étretat. Hugues ne tarda pas à chasser de son esprit l'idée impossible que Vilhem fût à Paris; mais il se rappela si vivement Étretat, la mer, la petite fenêtre et Thérèse, que, bien que Louise fût jolie en costume de mariée, il ne put s'empêcher d'être fort distrait.

Madame Leloup prit Hugues à part et lui dit: *Mon gendre*, j'aurai besoin de votre bourse demain matin; une bagatelle, trois cents francs.

Hugues avait reçu mille francs du notaire, il donna à madame Leloup ce qu'elle demandait; les trois autres mille francs ne devaient lui être donnés qu'un mois plus tard. Les frais de l'église, les voitures, tout fut payé par lui.

La maison que Hugues avait louée à la campagne ne pouvait être prête que quelques jours plus tard; il avait fait arranger son atelier pour y recevoir provisoirement sa femme.

Après le dîner, il s'absenta un moment et courut chez des camarades. Il n'avait plus d'argent et voulait faire escompter le billet de neuf cents francs que lui avait fait un marchand de tableaux quelques mois auparavant. — Parbleu, dit Émile, voici précisément, Monsieur, un ancien avocat qui te trouvera un escompteur ; donne-lui ton effet, et d'ici à trois jours, tu auras ton argent. L'ex-*avocat* s'inclina et mit l'effet dans son portefeuille. C'était un homme de moyenne taille, la figure large, des sourcils presque détruits sur des yeux un peu divergens, le teint blafard, les cheveux rares et plats. Il était grave et silencieux.

Hugues, enchanté d'avoir si promptement terminé son affaire, se hâta de rejoindre ces dames. Madame Leloup avait conduit sa fille dans l'atelier de l'étudiant ; elle-même partait le lendemain matin pour le Hâvre, d'où elle devait expédier ses meubles et ceux qu'elle destinait sa fille aux termes du contrat.

Pendant l'absence de Hugues, elle avait dit aux dames de Vanerey : C'est un jeune homme de talent, que la fortune n'a pas comblé de ses faveurs. Je lui donne ma fille pour faire sa fortune — les arts n'enrichissent guère.

A quoi on avait nécessairement répondu : Il n'oubliera probablement pas votre générosité; il vous en récompensera par le bonheur de Louise.

Lorsque Hugues eut monté ses quatorze étages et qu'il se trouva seul avec Louise dans cette chambre où elle l'attendait, quoiqu'il ne fût pas amoureux d'elle, il se sentit doucement frémir.

Mais que devint-il quand il trouva sur sa cheminée une branche d'ajonc en fleurs.

L'image de Thérèse se représenta à lui avec une vérité poignante; il fut obligé d'ouvrir la fenêtre pour prendre l'air et se remettre. Puis il s'oublia à la fenêtre. La nuit et le silence permettaient aux souvenirs de descendre du ciel avec la lueur des étoiles. Le doux visage de Thérèse à la petite fenêtre, les feuilles vertes de la vigne touchant sa blonde chevelure, sa voix si pure à l'église, ce serrement de main le jour où l'Océan avait failli engloutir Étretat, et où il avait senti leur sang à tous deux se mêler et se confondre dans ses veines. Tout lui rappela le passé, jusqu'au vent qui agitait ses cheveux, comme lorsqu'il venait d'Antifer sous la falaise. Il leva les yeux au ciel, comme si son passé eût été là-haut, comme s'il n'était arrivé à sa destinée présente qu'en tombant du ciel sur la terre.

Un moment il se dit : J'ai lâchement trahi et abandonné Thérèse. Que pense-t-elle, que fait-elle en ce moment ?

Puis il songea que, douze heures plus tôt, il était encore temps de fuir; que Louise n'était pas sa femme.

Il regrettait la douce joie de Thérèse de le voir arriver à Étretat, leur noce dans cette église mystérieuse, la musique de maître Kreis-herer.

Le suave et faible parfum des fleurs d'ajoncs dans une nuit d'été, alors que lui et Thérèse, devenue sa femme, se promèneraient au bord de la mer.

Et il respirait les fleurs d'ajoncs.

Il est difficile de dire ce qui serait arrivé de ces rêveries, si l'étudiant n'eût senti, à un léger embarras de son cerveau, qu'il allait s'enrhumer en restant dehors plus long-temps. Il trouva alors des argumens contre Thérèse. Elle n'avait pas répondu à sa lette, et, à tout prendre, c'était elle qui l'avait abandonné. Puis il n'avait pas le droit d'abandonner cette jeune Louise.

Il jeta les fleurs d'ajoncs par la fenêtre, la referma brusquement et se mit au lit.

Le lendemain, il se leva de bonne heure, sans réveiller Louise, et alla visiter leur maison et presser les ouvriers. En sortant, il trouva le bouquet d'ajoncs qu'il avait jeté par la fenêtre; il le ramassa et le mit dans sa poche.

Je ne sais trop quelle impression ce bouquet pouvait faire sur l'étudiant; mais, pour moi, cela me rappelle tellement les falaises d'Étretat, que je ne puis m'empêcher de retourner auprès de Thérèse.

Le neuvième jour, au coucher du soleil, Thérèse attendait le retour de Vilhem, ainsi qu'il l'avait promis ; mais elle n'avait plus, même pour un ami, cette confiance que Hugues avait une fois trompée; et, d'ailleurs, quoiqu'elle eût demandé mille fois au Ciel de lui donner la plus triste certitude au lieu de ses anxiétés, elle n'eût pas été fâchée que le moment d'apprendre la vérité fût encore retardé de quelques heures.

Elle rentrait donc chez le maître de musique, qu'elle n'avait quitté que quelques instans à cause de son état de souffrance, lorsque des pas se firent entendre auprès d'elle.

Elle s'appuya sur un bateau tiré sur la terre, et son sang s'arrêta froid dans ses veines.

Vilhem revenait seul : Schütz s'était perdu à

Paris. Il l'avait cherché une demi-journée, et était parti les larmes aux yeux. Arrivé, il avait cueilli sur la côte une autre branche d'ajoncs, et il la montra à Thérèse.

Elle ne prononça pas une syllabe; jamais, depuis, elle ne demanda une explication à Vilhem, et celui-ci ne lui en donna aucune.

Elle ne s'occupa plus que de soigner son père. Quelquefois, au soleil couchant, lorsqu'il dormait, elle allait encore errer sur la grève; elle ne regardait plus l'horizon qui n'avait plus rien à lui promettre, ni le ciel auquel elle n'avait plus rien à demander; elle écoutait sur le galet le bruit monotone de la lame, qui endort l'esprit dans une douce nonchalance.

Elle ne rêvait plus — elle ne se souvenait plus — elle était brisée.

Mais d'autres se souvenaient, et, à la fontaine, les laveuses déchiraient odieusement la triste Thérèse. On paraissait s'apitoyer sur le sort d'une pauvre fille trompée, et Dieu sait tout ce qu'on attachait d'injurieux à ce mot : *Trompée !*

A l'église, les autres filles chuchotaient en la regardant. Il vint même un moment où l'on attribua sa pâleur à des causes dont le soupçon l'eût fait mourir de honte.

Un jour même, M. le maire, jouant aux dominos avec M. Bernard, dit un peu plus légèrement qu'il n'appartenait de le faire à un magistrat : — Le clerc meurt du chagrin que lui a causé l'inconduite de sa fille. — A moi la pose.

A quoi M. Bernard répondit : — Quatre partout.

Quelques pêcheurs entouraient les joueurs, et, le soir, chacun en parla chez lui. Le lendemain, les femmes dirent à la fontaine : Ce n'était que trop vrai ; M. le maire l'a dit lui-même en jouant aux dominos ; il est furieux contre elle, et si ce n'était le pauvre clerc qui meurt de chagrin, il la chasserait de la commune.

Il n'y a que ces mijaurées, ces dédaigneuses, pour faire pis que les autres et se laisser ainsi tourner la tête par le premier venu.

Je ne me soucie guère de nommer l'endroit où Hugues avait choisi sa maison. Ainsi que je crois l'avoir déjà dit, aucune des personnes qui composent ce récit n'est probablement notre contemporaine ; mais cependant, je sais un homme qui a été pour quelque chose dans ces événemens, et je craindrais, en précisant certains lieux, de lui rappeler trop vivement des circonstances qu'il a envie d'oublier. Nous nous servirons donc de la lettre que les mathématiciens ont consacrée à l'*inconnu*, et nous désignerons par X le séjour de Hugues et de sa femme. C'était à quatre lieues de Paris.

C'était une jolie petite maison, avec des volets verts; une cour sur le devant, un jardin derrière. Ce jardin s'ouvrait sur un bois.

La maison était décorée sans luxe, mais avec un excellent goût. La chambre de Louise était tendue de la couleur qu'elle préférait : ce dont Hugues s'était informé, sans lui apprendre ce qu'il voulait faire de cette connaissance.

Le jardin était planté de fleurs et bien sablé, pour qu'elle pût s'y promener en tous temps sans craindre l'humidité.

Madame Leloup avait envoyé trois charrettes de meubles, au nombre desquels étaient des armoires plus hautes que les chambres; des chenets plus grands que les cheminées ; des tonnes pour la lessive, dans lesquelles il eût été plus facile de faire entrer la maison, qu'il ne l'eût été de les faire entrer dans la maison ; deux cents pots à fleur ; une voie de bois à brûler ; une table pour soixante couverts ; cinq lits complets.

Le tout coûtait huit cents francs de transport, que Hugues dut payer au roulage. Il meubla à peu près convenablement l'appartement de sa femme, et entassa le reste dans celui destiné à madame Leloup. Il meubla son atelier de son mobilier de garçon.

Quand il s'était présenté chez le notaire pour recevoir les trois mille francs qui lui revenaient, on lui avait présenté un mémoire ainsi conçu :

Honoraires du notaire, frais d'enregistrement, etc. . . . . 1,151 fr.

On lui remit dix-huit cent quarante-neuf francs. Il retourna chez Émile : l'ex-avocat n'avait pu encore escompter le billet ; on l'avait envoyé à Rouen avec un bordereau, et on ne pouvait tarder à renvoyer ou le billet ou l'argent. Du reste, l'ex-avocat, qui vendait des chaînes de montre, voulut lui en faire prendre et lui demanda sa pratique.

Où en suis-je de mon histoire? J'ai abandonné un moment la plume pour aller voir par mes yeux quelque chose qui me donnait du souci. Il y a dans mon jardin un jeune tilleul fort exposé au vent; l'ouragan de cette nuit m'inquiétait. Je l'ai trouvé debout, balançant fièrement ses jeunes branches, dont la sève, qui va bientôt jaillir en bourgeons, colore déjà les sommités d'une teinte purpurine.

Je suis donc tout à vous, mes chers lecteurs.

Pendant quelque temps, la vie se passa pour Hugues assez douce et tranquille.

Louise était heureuse, chaque jour amenait de nouveaux soins; elle était maîtresse de maison, elle commandait.

Elle se levait tard, et Hugues avait encouragé cette habitude qui lui donnait le matin plusieurs heures de liberté, dont il se servait pour aller errer dans les bois; puis il rentrait pour déjeuner avec Louise. Après le déjeuner, il travaillait dans son atelier jusqu'au dîner; puis il se promenait encore, quelquefois avec elle, le plus souvent seul. Il pensait quelquefois à Thérèse; il lui semblait que Thérèse manquait sous les riches tentes vertes que forment les chênes, sur les tapis de bruyère et de mousse.

Quelquefois, il cueillait des fleurs dans le bois, et, au moment de rentrer, il les jetait. Il y avait une telle alliance dans son esprit entre les magnificences de la nature et son amour pour la fille du clerc, qu'il ne pouvait se décider à donner à une autre des fleurs qu'il avait cueillies en pensant à elle.

Il lui semblait que Thérèse manquait à ses heures de solitude et de travail; à ses momens de rêverie et de méditation.

Alors, il sortait du coffre où il l'avait renfermée la branche d'ajoncs toute sèche, qu'il avait conservée; il y cherchait un parfum dissipé et des souvenirs toujours frais.

Puis il songeait aussi à Louise. — J'ai promis au ciel, à elle, à moi-même de la rendre heureuse, il faut qu'elle le soit. Et il croyait devoir compenser par des attentions, des soins, de l'affection, tout ce que la jolie fille d'Étretat avait gardé de son âme. Il menait Louise promener, ou lui faisait quelque présent; mais il y avait des allées du bois où il n'allait jamais avec elle.

Quelquefois, il allait à Paris pour vendre ses tableaux et ses dessins; l'ex-avocat avait disparu et personne n'en avait plus de nouvelles; mais son travail lui donnait à peu près l'argent suffisant.

Un jour, comme il revenait de Paris, il trouva un homme qui l'attendait avec une lettre de madame Leloup. Cet homme venait du Hâvre.

« Mon cher fils,

« Je n'arriverai guère auprès de vous et de
« ma chère enfant que dans un mois; nos terres
« sont plus difficiles à vendre que je ne l'avais

« supposé ; mais cela vous importe peu, puis-
« que, aux termes du contrat, je dois vous
« payer l'intérêt de la dot de Louise jusqu'au
« placement du capital sur l'État. Je ne pense
« pas que vous usiez du droit rigoureux que
« vous avez de faire vendre judiciairement mes
« biens dans un délai de quatre mois.

« J'ai pensé que vos affaires vous conduisent
« quelquefois à Paris ; que, par les voitures pu-
« bliques, le trajet est long et désagréable ; j'ai
« voulu vous faire présent d'un cheval et d'un
« cabriolet. Un cheval n'est pas dispendieux à
« la campagne ; il vous coûtera moins que les
« voitures publiques. Je vous envoie le cheval
« à petites journées, et le cabriolet par le
« roulage.

« Votre bonne mère. »

« *P. S.* J'espère, mon cher gendre, que vous
« n'avez pas négligé de voir nos amies, les
« dames de Vanerey. »

A Madame Louise ***.

« Ma chère fille,

« J'envoie à ton mari un présent auquel il
« sera, je crois, assez sensible : c'est un cheval
« et un cabriolet. Ce présent, du reste, si tu es

« adroite, ne te sera pas moins agréable qu'à
« lui; malgré la résolution de Hugues, il ne
« pourra te refuser de te conduire à Paris, d'a-
« bord quelquefois, puis ensuite plus souvent,
« jusqu'au moment où nous obtiendrons de lui
« qu'il s'y établisse tout-à-fait.

« J'espère que tu ne permettras pas, quand
« vous irez à Paris, en soirée ou au spectacle,
« que l'on laisse seule à la maison ta pauvre
« mère qui, tu le sais, n'a reculé devant aucun
« sacrifice pour *t'établir* convenablement et as-
« surer ton bonheur.

« Je t'embrasserai avant un mois d'ici. Tu
« m'as écrit que tu avais une domestique dont
« tu es assez contente, saisis néanmoins la pre-
« mière occasion pour la renvoyer ; j'emmène
« Arthémise, qui me sert depuis cinq ans et qui
« m'est toute dévouée. J'ai aussi quelqu'un en
« vue pour remplacer le domestique.

« Je t'embrasse comme je t'aime. »

Le cheval était dans l'écurie; il était assez beau, quoique peut-être un peu lourd; mais madame Leloup l'avait, dans son esprit, destiné à traîner trois personnes.

Hugues aimait passionnément les chevaux; dès le jour de l'arrivée de celui-ci, il alla courir dans le bois, et s'en amusa pendant trois jours comme un enfant.

— Voyez, disait Louise, comme ma mère est bonne, comme elle pense à vous; comme elle nous aime, de venir *s'enterrer* à la campagne, elle qui a toujours chéri le monde, pour ne pas nous quitter.

Hugues fut affecté désagréablement de la manière dont Louise avait prononcé ce mot *enterrer*. Il lui sembla que cela était presque un malheur. Il comprit que Louise n'était tout au plus que résignée à la vie retirée qu'il lui avait annoncée avant le mariage; qu'elle-même se croyait *enterrée* à la campagne. Il songea que peut-être, malgré ses efforts, en lui sacrifiant son propre bonheur, il ne réussirait pas à la rendre heureuse; qu'elle ne tarderait pas à regarder comme des prétextes les excellentes raisons qu'il lui avait données de ne pas vivre à Paris; que lui-même peut-être finirait par lui sembler un tyran.

Il se rappela les paroles de l'oncle Jean : Tu seras malheureux et tu n'accompliras pas le prétendu devoir que tu t'imposes.

Il avait perdu Thérèse et ne ferait pas le bonheur de Louise.

Il faut que je risque ici une comparaison : Les mécaniciens font des serrures mystérieuses qu'aucune clé ne peut ouvrir; mais, si le hasard vous fait porter la main sur un des clous de la serrure, le seul entre cent, elle s'ouvre comme par un effort magique.

C'est ainsi que quelquefois un mot prononcé au hasard semble déranger subitement à nos yeux le voile qui nous dérobe l'avenir.

Louise lui sembla folle, ingrate; cependant, il ne pouvait lui faire part de l'impression pénible que lui causait ce mot, sans risquer de paraître injuste et taquin.

À ce moment entra un homme porteur d'une nouvelle lettre de madame Leloup.

« Mon cher gendre,

« Je ne suis pas pour le moment en argent
« comptant; j'ai payé le cabriolet, mais je n'ai
« pu payer le cheval; j'ai donc tiré sur vous à
« cinq jours de vue, pour une somme de huit
« cents francs, que je vous rembourserai lors
« de la vente de *mes* propriétés. »

En effet, l'homme porteur de la lettre l'était aussi d'un papier timbré ainsi conçu :

« A cinq jours de vue, il vous plaira payer à
« M. *** la somme de huit cents francs.

« Le Hâvre.

« Veuve LELOUP.

Le porteur venait prier Hugues de mettre sur le papier : « Accepté pour la somme de huit
« cents francs. »

Ce qui lui donnait le droit, au cas où Hugues ne paierait pas à l'échéance, de le faire mettre en prison pendant cinq ans.—Car, je le répète, cette histoire se passe assez long-temps avant l'époque où je l'écris, et conséquemment avant la promulgation de la loi qui réduit, je crois, à deux ans l'emprisonnement pour une pareille somme.

Hugues signa de fort mauvaise humeur, et se mit en route pour Paris, afin de ramasser la somme exigible cinq jours après. Cet incident le contrariait tellement qu'il lui rendit le cheval odieux, et qu'il ne voulut pas s'en servir pour se transporter à Paris.

Chemin faisant, ce mot *enterrer* et la manière dont Louise l'avait prononcé lui revinrent à l'esprit. Cela voulait dire :

Je cède à la volonté de mon mari; je renonce au monde que j'aimerais, où je brillerais, où m'appellent mes goûts, mon âge, ma beauté;

je vivrai tristement à la campagne, dans l'isolement; je suis victime de mon devoir, martyre de ma soumission.

Quoi! pensait l'étudiant, pour elle, j'ai abandonné Thérèse, Thérèse que j'aimais! Je lui ai donné un sort dont Thérèse aurait été si heureuse, et cela ne lui suffit pas.

Allons, allons, dit-il après avoir rêvé, il faut être indulgent, compenser l'amour que je ne puis lui donner, par une tendresse paternelle, par une douce affection; d'ailleurs, en ce moment, je suis peut-être injuste, aigri par le tracas que me cause la folie de cette femme qui me fait payer les présens qu'elle se donne l'honneur de faire.

Quelques jours après, le billet dérobé par l'ex-avocat fut présenté au marchand de tableaux; celui-ci, que le paiement aurait gêné, engagea Hugues à y mettre opposition.

Un jugement intervint trois semaines après, par lequel, attendu que le billet étant parfaitement en règle, Hugues était *débouté* de son opposition, et le marchand de tableaux condamné à payer le billet.

Le marchand paya le billet et trois cents francs de frais; mais les frais pour le compte de Hugues qui s'en reconnut débiteur.

Au milieu de sa juste indignation, il rencontra l'ex-avocat. Il le prit au collet. — Oh ! hé, maître Roch, dit-il, ou plutôt maître fripon, ce jour n'est pas si mauvais, puisque le hasard me procure le plaisir de vous rencontrer.

L'ex-avocat Roch expliqua comment il avait confié le billet à un homme qui faisait métier d'escompter à un assez raisonnable intérêt; que lui, Roch était redevable de quelque argent à cet homme, et qu'il s'était approprié la valeur confiée. Du reste, ajouta-t-il, je recevrai dans trois mois une somme assez forte provenant d'un héritage; je suis prêt à m'engager à vous restituer alors la somme que je vous ai fait perdre, avec les intérêts et les frais.

Il était possible que la chose fût vraie. Hugues conduisit l'ex-avocat chez le marchand de tableaux. Sur la somme totale, neuf cents francs appartenaient à Hugues, et les trois cents francs de frais au marchand de tableaux. Maître Roch fit une lettre de change de douze cents francs à Hugues qui la passa à l'ordre du marchand de tableaux; celui-ci la fit escompter, et remit à Hugues à peu près onze cents francs, avec lesquels celui-ci remboursa un emprunt qu'il avait été obligé de faire pour payer le présent de sa belle-mère.

Il ne dit rien de tous ces ennuis à sa femme; celle-ci le bouda un peu de ses voyages plus fréquens à Paris; mais la douceur que Hugues avait résolu d'employer triompha de tout. Pour lui, il se mit à travailler courageusement. Il comprenait que la supercherie de madame Leloup sur sa fortune le condamnait à un travail assidu; et il se consolait en pensant aux jouissances que le travail lui-même apporte à l'artiste.

Voici les lettres qui lui arrivèrent à la campagne.

« Monsieur,

« Quand vous étiez un pauvre artiste lo-
« geant au cinquième étage, il était fort naturel
« d'avoir des dettes, et très-honorable de les

« payer par à-compte ; j'ai donc, malgré mon
« besoin d'argent, consenti de grand cœur à
« recevoir chaque mois une somme assez mo-
« dique : vous devez rendre justice à la complai-
« sance que j'ai apportée dans nos relations.

« Mais aujourd'hui, après le brillant mariage
« que vous avez fait, je vous crois toujours
« honnête homme, et je ne doute pas que vous
« ne vous empressiez de solder notre compte.
« Je n'attribue ce délai qu'à un oubli de votre
« part, oubli qu'expliquent assez, du reste, les
« préoccupations d'un mariage récent.

« Veuillez donc, Monsieur, ne pas m'oublier,
« et recevoir les très-humbles salutations de
« votre dévoué serviteur.

« N*** »

« Mon cher Monsieur,

« Comme votre position actuelle vous permet
« de ne pas courir après le maudit argent,
« comme nous tous que la fortune n'a fait
« qu'éclabousser en allant vous rendre visite,
« j'ai cru pouvoir remettre à trois mois le paie-
« ment que j'avais à vous faire demain. Quoi-
« que cela ne puisse vous gêner, j'ai dû
« vous en prévenir et vous en faire mes ex-
« cuses.

« Recevez l'assurance de ma considération
« très-distinguée.

« M*** »

« Mon cher Hugues,

« Je pars dans deux heures; il m'arrive un
« billet de cinq cents francs à payer dans deux
« jours : oblige-moi de le payer, ou plutôt d'en
« donner d'avance l'argent à mon portier; je te
« rembourserai à mon retour. Comme je ne
« puis attendre ta réponse, je compte sur toi et
« je pars sans inquiétude.

« Émile. »

Les jours se suivent et se ressemblent.

Un matin arriva un cabriolet, large, lourd, écrasé, destiné à contenir trois personnes et un domestique; il avait trois feuilles de ressorts brisées; les roues étaient usées, et paraissaient avoir été peintes en vert; le coffre était jaune-paille et fort éraillé.

On demanda cinq cents francs à Hugues pour le repeindre et le mettre en état de pouvoir rouler : ce n'eût été ensuite qu'une affreuse cage à poulets. Hugues vendit le cabriolet.

Le jour même débarquait à X... madame Leloup. On apportait plus de cartons à chapeaux que vous n'en avez jamais vus. Il n'y avait pas une heure que madame Leloup était dans la maison, qu'elle s'était concilié la haine des deux domestiques par les injures qu'elle leur avait adressées au sujet de ses cartons.

Un cocher de voiture publique, qui l'avait amenée, savait dès le soir, et répandit le lendemain dans tout le pays, que madame Leloup était une riche propriétaire du Hâvre; qu'elle avait donné sa fille avec tout son bien à un jeune artiste sans fortune; qu'elle quittait, pour vivre auprès d'eux, ses terres et ses maisons; que, du reste, elle connaissait la *capitale* mieux qu'aucune parisienne; qu'elle y connaissait les meilleures maisons, qu'elle avait pour amie madame la comtesse de Vauerey et madame la baronne, sa fille; qu'il était probablement grand temps qu'elle arrivât, pour mettre un peu en ordre le ménage de deux jeunes gens aussi inexpérimentés l'un que l'autre; que l'ordre est la richesse du pauvre et l'avenir des enfans; enfin qu'elle apportait quarante livres de beurre salé.

La mère et la fille avaient beaucoup à causer. Hugues coucha dans son appartement.

— Mais, dit la mère, quand part cette créature qui te sert de femme-de-chambre et de cuisinière?

— Je ne sais.

— Comment! N'as-tu pas reçu la lettre où je te recommandais de t'en débarrasser au plus vite?

—J'y ai bien songé, reprit Louise; mais c'est une fille soigneuse, soumise, que l'on ne peut guère prendre en faute, et qui en est si affligée quand cela lui arrive, qu'on n'a pas la force de la brusquer.

— Je ne puis cependant renvoyer Arthémise,

qui arrive dans deux jours; si je n'ai pas Arthémise, je serai horriblement mal servie; les domestiques de ton mari croiront ne rien me devoir : c'est déjà assez de m'être mise dans sa dépendance en vous donnant toute ma fortune. Je me charge, moi, de trouver en faute cette domestique *si précieuse*. Avoue que tu as un peu oublié ta pauvre mère! ta mère qui n'a jamais hésité à te sacrifier tout au monde!

Il est bon d'expliquer, une fois pour toutes, que madame Leloup, en ayant l'air de donner sa fortune à son gendre, lui avait imposé une rente qui était précisément égale à celle qu'il devait recevoir; que, loin d'avoir fait un sacrifice, madame Leloup devait trouver de grands avantages à vivre dans la maison de sa fille; et que le malheureux Hugues était doublement accablé d'un bienfait ruineux.

Le lendemain, dès que la domestique entra chez madame Leloup, celle-ci l'interpella.

— Et où avez-vous donc servi, que vous n'avez pas appris à bassiner un lit également?

J'ai eu horriblement froid toute la nuit. — Ah! j'avais raison de me dépêcher d'arriver; j'ai bien des choses à mettre au pas. D'abord, vous vous levez trop tard.

— Je demande excuse à Madame; Monsieur nous a ordonné d'être levés à sept heures, et il est sept heures moins un quart.

— Je vous dis que vous vous levez trop tard. Je ne sais pas si c'est Monsieur qui vous l'a ordonné, mais vous voudrez bien ne jamais me répondre quand je vous ferai une observation : et je vois d'avance que j'en aurai plus d'une à vous adresser. — Il faut d'abord que je vous apprenne ce que vous aurez à faire pour moi. Je me lève à onze heures; il faudra venir m'habiller.

— Pardon, Madame; mais c'est l'heure du déjeuner.

— On changera tout cela. — J'aime à croire que vous savez coiffer ?

— Non, Madame.

— Vous ne savez pas coiffer ! J'étais sûre que mon gendre n'aurait pas su choisir une domestique. — N'oubliez pas aujourd'hui de repasser mes bonnets et mes fichus; vous allez mettre tout de suite mes robes et mes chapeaux en ordre. Il faut aller à la poste voir s'il n'y a pas de lettres pour moi. Faites-moi venir une blanchisseuse; surtout, n'oubliez pas que j'ai l'habitude de prendre du café le matin au lit. Vous viendrez m'habiller aujourd'hui à dix heures.

— Je suis forcée de faire observer à Madame que c'est l'heure à laquelle Madame m'a ordonné d'entrer chez elle.

— Ma fille n'est pas pressée. — Mais vous me paraissez fort disposée à ne rien faire de ce que je demande. Je parlerai de cela à mon gendre. Dites-lui de venir me parler.

— Monsieur est sorti : c'est l'heure de sa promenade.

— Alors, envoyez-moi le domestique.

Vers onze heures, la mère et la fille se trouvèrent réunies pour déjeuner.

— Où est ton mari?

— A Paris.

— Comment, sans m'avoir vue!

— Il a, à ce qu'il paraît, des affaires importantes. Je ne l'ai pas vu non plus; cependant il est entré dans ma chambre, car j'ai trouvé sur ma commode de l'argent qu'il y a mis, probablement pour la dépense de la maison : c'est presque toujours ainsi qu'il me le donne.

— Voilà des œufs qui ne sont pas cuits, remportez-les à la cuisine : ce n'est pourtant pas une chose bien difficile de faire cuire des œufs. Et pourquoi le pain n'est-il pas chapelé? Allons, allez-vous rester là à me regarder?

Mais, ma chère enfant, est-ce que tu ne fais à ton mari aucune observation sur ses voyages aussi fréquens à Paris?

— Tu sais qu'il m'a annoncé, avant le mariage, qu'il s'engageait à me rendre aussi heureuse qu'il lui serait possible de le faire; mais qu'il entendait être chez lui le maître, et ne pouvait supporter la tracasserie.

— Sans faire de tracasserie, c'est bien le

moins qu'une honnête femme puisse demander à son mari ce qu'il fait, et lui adresser quelques observations. — Mais ces œufs ne reviennent pas. C'est donc là cette fille si difficile à surprendre en faute. Il n'y a pas vingt-quatre heures que je suis ici, et j'ai déjà eu vingt raisons de la renvoyer. — Hé bien! ces œufs?

— Madame, je répondais à Pierre.

— Il est revenu?

— Oui, Madame, avec les paquets que vous l'avez envoyé chercher à Paris. Mais il a été bien inquiet en apprenant que Monsieur était sorti à cheval ce matin; il pensait que Monsieur ne sortirait pas, puisque Madame disposait du temps pendant lequel il panse le cheval. Il paraît que Monsieur a été obligé de panser son cheval lui-même.

On frappe. — C'est la poste.

— Y a-t-il des lettres pour moi ?
— Non, Madame.
— Que tenez-vous donc la ?

— Des lettres pour Monsieur.

— Ah! voyons.

— J'ai ordre de mettre immédiatement toutes les lettres qui arrivent, dans le cabinet de Monsieur.

Madame Leloup arracha les lettres à la malheureuse domestique.

— Ah! ça, Louise, il est bon d'être douce, ma chère enfant; mais cependant, il ne faut pas l'être jusqu'à la stupidité. Comment souffres-tu que ton mari, aux yeux de tes domestiques, ait l'air de se défier de toi?

Il n'est pas naturel de faire tant de mystère des lettres que l'on reçoit.

Et madame Leloup tournait et retournait dans ses mains une des lettres dont la suscription était d'une assez petite et mauvaise écriture.

Puis elle essaya de voir dedans.

— Elle est soigneusement fermée. — Pauvre enfant!

— Qu'as-tu donc, maman?

— Rien; mais nous sommes bien malheureuses!

— Comment?

— Ah! les absences de ton mari, ses voyages à Paris, m'ont donné des idées que cette lettre vient confirmer. Ce n'est pas naturel de passer tout son temps à Paris, quand on a chez soi une jeune et jolie femme. Cette lettre est une lettre de femme, j'en suis sûre.

— Une lettre de femme.... dit Louise. — Et elle resta rêveuse. Sa mère venait de jeter dans son cœur l'affreux poison de la jalousie.

Madame Leloup avait renoncé ou croyait avoir renoncé à ses anciennes prétentions sur le cœur de notre héros; en admettant cependant la sincérité de sa résolution à cet égard, il faut reconnaître qu'il y a quelque chose qui survit d'ordinaire à l'amour, quelque chose de négatif,

Reliure serrée

il est vrai, mais cependant de très-puissant ; on a renoncé à un homme, et cependant on ne veut pas encore qu'il appartienne à une autre. Madame Leloup, peut-être à son insu, était jalouse pour son propre compte, en paraissant ne l'être que pour sa fille.

Le soir, lorsque Hugues rentra, il entendit un grand conflit de voix et de paroles. Madame Leloup et la servante étaient en dispute réglée.

Hugues fit semblant de ne s'apercevoir de rien. Il monta chez sa femme, fut pour elle affectueux et bon comme d'ordinaire, et ne tarda pas à redescendre dans la cour ; ce qui l'empêcha de remarquer avec quelle mauvaise grâce Louise accueillait ses prévenances.

— Ah ! mon Dieu, dit en rentrant madame Leloup, ton mari ramène un énorme chien, une sorte d'ours ; souffriras-tu qu'il le garde à la maison : il y a de quoi me faire mourir mille fois de frayeur.

Hugues avait retrouvé à Paris Schütz qui [l']avait reconnu et suivi. Je ne saurais peindre [qu']elle émotion lui avait causée la rencontre [du] compagnon de Vilhem. Il l'avait accablé de [ca]resses, et avait oublié, pendant le reste de la [jou]rnée, les ennuis qui s'amoncelaient sur sa [tête]. Il le fit coucher dans sa chambre.

Le lendemain matin, il appela la servante.

— Geneviève, lui dit-il, vous avez eu hier [u]ne altercation avec ma belle-mère : vous ne [po]uvez rester chez moi. Voici votre mois et [qu]inze jours en sus; soyez partie dans une [he]ure.

Deux heures après, il entendit un horrible [br]uit dans la chambre de madame Leloup. Elle [so]nnait et appelait tout à la fois. Il entra.

— Vous voyez, mon gendre, dit-elle, comme [o]n me sert chez vous. Voilà bientôt une heure [q]ue je sonne inutilement votre Geneviève.

— Geneviève n'est plus à la maison; elle [s']est querellée hier soir avec vous, je l'ai chassée

ce matin : c'est pour vous parler de cela que je
suis venu vous trouver. Jusqu'à votre arrivée
j'ai été parfaitement satisfait de mes domestique[s]
depuis deux jours, ma maison, auparavant cal[me]
et silencieuse, résonne de paroles aigres et d[e]
colères bruyantes ; je ne saurais vous dire à qu[el]
point un semblable état de choses m'e[st]
odieux.

— Écoutez, mon gendre, j'ai à vous donn[er]
une excellente domestique à la place de cel[le]
que je vous remercie d'avoir chassée. Arthémis[e]
arrive aujourd'hui ou demain : il y a dix a[ns]
qu'elle est chez moi ; c'est une fille fidèle, di[s-]
crète, laborieuse, dévouée ; c'est un véritabl[e]
présent que je vous fais.

Hugues sourit involontairement au mot [de]
présent. Il savait ce que lui coûtaient les prése[nts]
de madame Leloup.

Celle-ci continua. — Louise sera enchanté[e]
d'avoir Arthémise.

— Prenons donc Arthémise, reprit-il ; ma[is]
au nom du Ciel ! faites en sorte que je n'aie pl[us]

entendre des débats semblables à ceux [d']hier.

— Mon gendre, ajouta madame Leloup, sans [fai]re la moindre attention à ses dernières pa[ro]les; j'irai dans quelques jours voir mon amie, [m]adame la comtesse de Vancrey : ne m'accom[pa]gnerez-vous pas?

Hugues reprit en plaisantant : — Vous êtes [en]core trop jeune et trop belle, chère belle-[m]ère, pour que je puisse vous accompagner [sans] exposer ma réputation et peut-être ma fidé[lit]é d'homme marié.

— Ah! dit la belle-mère avec un immense [sou]pir, je ne sais que trop que vous n'êtes guère [dis]posé avec moi.

Hugues fronça le sourcil et sortit; puis il alla [se] promener avec Schütz, et ne reparut que [p]our le déjeuner; ensuite il s'enferma dans son [at]elier où il travailla tout le jour.

Peu de jours après, Hugues reçut, vers le milieu de la journée, une feuille de papier timbré qui lui annonçait que la lettre de change de l'ex-avocat n'avait pas été payée à l'échéance; qu'on était allé inutilement pour se faire rembourser chez le marchand de tableaux, où il avait indiqué son adresse; que le marchand de tableaux, Joseph Lebon, avait également refusé le paiement. Le papier lui faisait à savoir qu'il eût à se rendre, huit jours après, par devant le tribunal de commerce pour s'entendre condamner à payer la somme et les frais, *et même par corps*.

Le premier mouvement de Hugues fut de courir à Paris. Il demanda son cheval.

Madame Leloup, qui par hasard, avait choisi ce jour-là pour aller faire sa visite à madame de Vancrey, avait loué dans le pays une sorte de carriole recouverte, y avait fait atteler le cheval, et était partie sans rien dire.

Hugues était furieux, d'abord du retard que cet incident lui occasionait, puis de voir attaché à une carriole ce cheval auquel il était accoutumé, et qu'il n'avait jamais voulu atteler pour ne pas gâter ses allures. Il monta dans une voiture publique, et rencontra à moitié chemin madame Leloup qui revenait. Le pauvre cheval avait la tête basse. Hugues s'enfonça dans la voiture; s'il avait vu sa belle-mère, s'il se fût arrêté, il n'eût pu s'empêcher de témoigner sa mauvaise humeur.

— Pauvre enfant! j'ai vu ton mari; il m'a évitée. Il était pâle. Pourquoi cette émotion? Pourquoi se cacher au fond de la voiture du plus loin qu'il m'a aperçue? Je crains trop de le deviner.

— Crois-tu donc, maman, reprit Louise, qu'il ait une maîtresse à Paris?

— Je ne sais, mais tout semble l'indiquer. En tout cas, il se conduit mal avec toi. Pourquoi ne t'a-t-il présentée nulle part? Pourquoi n'amène-t-il ici que quelques amis qu'il ne te présente qu'à l'heure du dîner? Te trouve-t-il laide et sotte? Est-il honteux de toi? C'est du moins l'opinion que doivent avoir ceux qui savent qu'il est marié, et ne te connaissent pas. Il faut que tu obtiennes, que tu exiges de lui qu'il te fasse connaître comme sa femme.

Hugues rentra le soir assez tard. Il n'avait réussi à rien; un agréé au tribunal de commerce avait demandé pour lui vingt-cinq jours qui lui avaient été accordés, et qu'il espérait mettre à profit pour retrouver l'ex-avocat et finir un tableau commandé. L'ex-avocat n'avait pas paru à son domicile depuis trois jours; il était à la campagne.

Il arrive souvent qu'un homme qui vous doit de l'argent vous fait dire en plein hiver qu'il est à la campagne ; ce qui vous force également, à cause de vos propres créanciers, de vous en aller à la campagne.

Il peut arriver que votre débiteur soit propriétaire, et que la campagne ait pour lui-même, en hiver, un attrait qu'il n'est donné de comprendre qu'à cette variété de l'espèce humaine. Il a un mur à relever, des vignes à planter, une girouette neuve à essayer, peut-être même un paratonnerre à expérimenter.

Or, vous ne pouvez revenir de la campagne avant lui ; le temps n'a qu'à rester froid pendant un mois, sans le moindre nuage orageux qui permette au paratonnerre de soutirer son fluide électrique ; le vent peut rester un mois au sud-ouest, et la girouette rester immobile au milieu d'une pluie perpétuelle : il faut vous résigner pendant un mois.

Louise fut, avec son mari, froide et réservée ; celui-ci, de son côté, ne faisait pas un charmant accueil à sa belle-mère ; laquelle ne disait rien, mais poussait de grands soupirs, et regardait sa fille d'un air profondément affligé.

Quand Hugues fut retiré avec sa femme, il lui prit la main et lui dit : — Louise, qu'avez-vous ?

— Je n'ai rien, reprit sèchement Louise.

— Vous avez quelque chose. Vous ai-je fait de la peine? désirez-vous quelque chose que je puisse vous donner?

— Je ne désire rien, je n'ai rien.

— Soyez donc plus franche. Je ne puis passer la nuit à vous faire des questions; il faut que je sorte demain de bonne heure. Je suis fatigué et un peu malade : j'ai besoin de repos.

— Je ne crois pas vous empêcher de dormir.

— Vous me chagrinez. Je fais tout ce qui dépend de moi pour vous rendre heureuse, et mes efforts ne réussissent pas. Il y a un ennemi secret qui lutte contre moi et mes bonnes intentions; un ennemi que je ne puis vaincre, qui triomphe même de mon courage.

— Voulez-vous parler de ma mère?

— Peut-être est-elle pour quelque chose dans l'aigreur que vous me montrez.

— Ne serait-ce pas assez pour me rendre malheureuse, que de vous entendre me parler ainsi de ma mère, elle qui a été si bonne pour vous?

— Je ne vous dis rien que je ne doive dire sur votre mère; mais je n'accepte pas la reconnaissance que vous voulez m'imposer.

— Qu'avez-vous à lui reprocher?

— Je répondrai *rien*, comme tout à l'heure vous disiez ne rien avoir lorsque je vous demandais les causes de votre mauvaise humeur.

Hugues, en effet, pour rien au monde n'eût voulu faire même la plus indirecte allusion ni à la façon dont madame Leloup l'avait trompé à propos du contrat de mariage, ni à la noblesse de sentimens qui lui avait fait épouser Louise. Celle-ci ne pouvait comprendre cette délicatesse, et crut au contraire avoir triomphé de son mari. Aussi elle ajouta, avec un redoublement d'aigreur et un certain degré d'arrogance :

— Vous n'aimez pas ma mère, parce qu'elle vous gêne, parce qu'il est moins facile de la tromper qu'une pauvre fille sans expérience comme je suis; vous craignez son jugement et les reproches qu'elle a l'indulgence de ne pas vous faire.

Hugues sourit amèrement et dit : — Ma chère enfant, je ne crains le jugement de personne, parce que je suis et veux être le maître de mes actions. Je ne vous donnerai à ce sujet qu'un avis : Rien ne sied aussi mal à une jeune femme de dix-huit ans que le ton dogmatique et impérieux que vous prenez avec moi. Il ne peut y avoir qu'une volonté dans une maison, et il y a une foule de raisons pour que cette volonté soit la mienne. Je ne négligerai rien pour votre bonheur; mais si de mauvais conseils ou une infirmité de votre jugement vous le font placer dans le désir de commander, je vous conseille d'y renoncer.

Il la quitta; mais, après avoir fermé la porte de sa chambre, il entendit qu'elle pleurait. Il rentra.

Il alla près d'elle et lui prit la main.

— Louise, lui dit-il, chère enfant, ne luttez pas ainsi contre mon affection.

Louise retira sa main avec humeur.

Hugues sourit et reprit la main. — Je ne suis pas, ajouta-t-il, rentré dans votre chambre pour me laisser décourager par votre mauvaise humeur; je veux que vous m'entendiez et me compreniez; je veux vous éclairer sur vos propres intérêts et vous prouver que je suis bien réellement votre ami, je veux vous dire comment une femme doit conserver l'affection de son mari. Mettez-vous en colère contre moi, je n'en serai nullement ému, j'aurai toute la patience nécessaire.

En disant cela, il l'attirait doucement sur ses genoux. Louise fit un geste d'impatience.

— Comme vous voudrez.

Il la fit asseoir sur un fauteuil et s'assit près d'elle.

— Maintenant, chère Louise, dites-moi la cause de la réception que vous m'avez faite à mon retour de Paris? Qu'avez-vous contre moi?

— Rien.

Hugues sentit un mouvement d'impatience, mais il le réprima aussitôt.

— Vous avez tort de ne pas me dire la vérité; vous croyez avoir à vous plaindre de moi; j'espère que vous vous trompez; en tous cas, je ne puis vous accuser que d'une erreur à laquelle j'ai peut-être donné lieu, ou d'une susceptibilité trop grande; mais si c'est sans motif que vous m'avez mal reçu, il faut que je vous croie injuste, fantasque, absurde, méchante.

Je puis, en éclaircissant ce qui a pu vous fâcher contre moi, nous sortir tous deux de cette situation désagréable et fatigante: mais si c'est simplement une maladie de votre esprit, un caprice de votre imagination, je n'ai aucun espoir d'en triompher.

On ne peut condamner, en justice ordinaire, un accusé sans l'avoir entendu, fût-il le plus scélérat des hommes, fût-il accablé des preuves les plus évidentes. Ferez-vous moins pour moi? Voyons, chère enfant, traitez-moi comme un juge traite un accusé? dites-moi mon crime?

Louise gardait obstinément le silence.

— Dites-moi mon crime? peut-être d'un seul mot pourrai-je me justifier? Ne serez-vous pas heureuse de me trouver innocent?

— Ah! dit Louise, comment me ferez-vous croire que vous ne m'abandonnez pas pour les plaisirs de Paris? pour d'autres femmes peut-être? Ces voyages si fréquens à Paris, ces lettres que vous recevez....

— Eh bien! dit Hugues, je vous jure sur l'honneur que, depuis trois semaines, je n'ai pas adressé la parole à une autre femme que vous; je vous jure que je ne vais à Paris que pour des affaires qui m'inquiètent un peu et m'embarrassent beaucoup.

Louise secoua la tête avec un air d'incrédulité; Hugues feignit de ne pas s'en apercevoir.

— Écoutez-moi bien, chère Louise, et pensez que je vous parle dans votre intérêt plus peut-être encore que dans le mien.

Supposez tout ce que vous voudrez de pis.

Supposez que je m'ennuie ici, que je vais à Paris m'amuser, m'occuper d'autres femmes.

Cependant, je reviens.

Ici, je trouve de la mauvaise humeur, un accueil froid, nulle prévenance, nulle affection; quelle impression pensez-vous que cela doive produire sur mon esprit?

Celle-ci : On me recevait bien à Paris, je m'amusais, on m'aimait; ici tout semble le contraire : j'ai eu tort de revenir.

Vous comprenez qu'il ne faut qu'un degré de plus pour que j'arrive à redire : Remontons à cheval, retournons auprès de gens qui seront heureux de me revoir.

Vous agissez comme une enfant, comme une enfant privée de bons conseils.

Une femme plus sage se dirait : Il faut que je lui fasse trouver sa maison plus agréable qu'aucune autre; je veux qu'il ne se trouve nulle part si bien assis que dans son fauteuil, au coin de son feu; que nulle part son café ne soit aussi bien comme il l'aime; que nulle part on ne paraisse aussi heureux de le revoir que chez lui.

Je veux qu'aucune femme ne soit aussi douce, aussi aimante que moi; je veux que toute comparaison soit à mon avantage.

Si on l'amuse, si on lui plaît ailleurs, ce ne sera que pour un instant; il me reviendra toujours. S'il a quelques torts envers moi, il se les reprochera bien plus efficacement en me trouvant indulgente et ignorante.

Est-ce là ce que vous faites? chère enfant.

Ici il l'attira de nouveau sur ses genoux. Louise se laissa faire.

— Bien loin de là, je vais à aris, je vous le répète, pour des affaires d'une certaine gravité; j'y passe mes journées en courses fatigantes et désagréables; j'espère, au moment de revenir ici, respirer l'air près d'une femme que j'aime, me reposer de l'ennui du jour et m'encourager à l'ennui du lendemain.

Je reviens ici comme l'oiseau revient à son nid qui le préserve du froid de la nuit, et où il a laissé ce qu'il aime.

Eh bien! il n'y a pour moi ici ni repos, ni affection; la joie de me revoir n'est pas assez puissante pour chasser une injuste mauvaise humeur.

Louise pencha la tête sur l'épaule de Hugues. Celui-ci la serra sur sa poitrine.

— Je vous aime, chère Louise; j'ai uni ma

vie à la vôtre, et je serai toujours malheureux, si je ne réussis pas à vous rendre heureuse. Je ne plaindrai ni fatigues, ni ennuis, ni chagrins, si j'en trouve près de vous la consolation et la récompense.

Livrez-vous à mon affection; personne n'a plus d'intérêt que moi à votre bonheur; ne vous laissez pas aveugler par de fausses et funestes impressions. Aujourd'hui, grâce à votre mère qui a jugé à propos de faire de mon cheval une sorte de timonnier, je suis rentré harassé de fatigue; cependant, je n'ai pu rencontrer l'homme qu'il est pour moi de la plus haute importance de trouver. Il faut que je sois à Paris à six heures du matin.

Cette explication, que j'ai crue nécessaire, dont je serai bien heureux si elle vous a ouvert les yeux à la vérité, nous a menés jusqu'à deux heures du matin; j'ai deux heures à dormir avant d'aller recommencer ma fatigue et mes ennuis.

Pensez que je vous aime, chère enfant, et laissez-vous être heureuse.

Louise se réveilla persuadée. Hugues se réveilla très-fatigué; il avait passé la nuit à combattre l'influence de sa belle-mère, et il avait besoin d'être à Paris de bonne heure. On continuait les poursuites contre lui relativement à l'affaire de l'ex-avocat Roch, et il devait essayer ce jour-là d'obtenir un délai du créancier. Comme il allait partir, son domestique lui remit une lettre; elle ne portait pas le timbre de la poste, et était signée d'un nom inconnu.

« Monsieur,

« Votre mémoire pour fourniture de four-
« rages s'élève à cent quatre-vingt-sept francs
« vingt-cinq centimes. Je suis obligé de vous
« avertir que, si elle n'est pas entièrement sol-
« dée d'ici à huit jours, je ne pourrai plus con-
« tinuer à vous fournir. »

Hugues froissa la lettre et la mit dans sa poche.

A Paris, il rencontra l'oncle Jean qui lui dit : On parle beaucoup de toi ici ; on prétend que tu as épousé une femme très-riche, et que cependant tu as des dettes que tu ne paies pas; j'ai été obligé de rétablir les faits à propos de ton mariage, pour ne pas les laisser présenter d'une manière qui portait atteinte à ta probité.

— Ah! mon oncle, dit Hugues, vous aviez bien raison : ce mariage m'a été funeste.

On était dans ces quelques beaux jours du mois de février, jours de soleil brillant et d'air tiède, qui font rêver le printemps et sont le plus souvent suivis de jours de neige et de froid aigre.

— Venez dîner avec nous un de ces jours, mon oncle; il n'y a chez moi que des ennemis : cela me fera plaisir de vous y voir. Vous y verrez mon unique ami, là-bas; ce chien que j'ai trouvé et que je connaissais depuis longtemps.

— Cher neveu, dit l'oncle Jean, j'irai manger ta soupe après-demain.

Hugues obtint de son créancier un délai de quinze jours; il retourna chez lui plus calme qu'il n'y était rentré depuis long-temps. Il songeait à cet heureux effet de ses paroles sur l'esprit de sa femme.

Il allait avoir quinze jours pour travailler, pour faire un petit tableau qui lui avait été commandé, et qu'on devait lui payer douze cents francs. Il y avait bien pour deux mois d'ouvrage ordinaire ; mais il avait si besoin d'argent ! d'ailleurs, les jours commençaient à grandir, et depuis long-temps il n'avait pu rester quelques jours tranquille devant son chevalet.

Mais, lorsqu'il demanda ses lettres, après que son domestique lui eut remis celles qui étaient dans son atelier, sa femme lui en remit une dernière qu'elle avait gardée près d'elle. Elle tremblait en la lui donnant, et elle tenait les yeux fixés sur lui.

Ainsi que madame Leloup et sa fille l'avaient deviné à l'inspection de l'adresse, cette lettre venait réellement d'une femme.

C'était une invitation à dîner mêlée de reproches. « On ne voyait plus M. Hugues; cela donnait une merveilleuse idée des charmes de la femme qui semblait ainsi le captiver, etc. »

Madame Leloup avait entièrement détruit, pendant la journée, la salutaire impression produite par Hugues pendant la nuit.

— Qu'avez-vous, Louise? lui dit-il en remarquant son agitation.

— Je n'ai rien, reprit la jeune femme.

La discussion s'annonçait précisément comme la veille.

Hugues vit qu'il fallait tout recommencer, et il n'en eut pas le courage. Il n'avait que deux heures pour lutter dans le cœur de Louise contre sa mère, et ces deux heures, il fallait les prendre sur un sommeil dont il avait grand besoin; la fatigue et les chagrins de ses voyages à Paris l'avaient exténué. Madame Leloup avait douze ou quinze heures chaque jour à employer contre lui : la partie n'était pas égale.

Et d'ailleurs, eût-il pu remporter la victoire?

Il ne pouvait se résoudre à toujours avoir à se défendre sans avoir seulement le plaisir des crimes dont on l'accusait.

Il lui semblait décourageant et odieux de passer pour avoir d'immenses torts envers une femme à laquelle il avait fait et faisait les plus grands sacrifices qu'il pût faire.

Ce soir-là, il se retira dans son atelier et y passa la nuit.

Le lendemain matin, il se mit à l'ouvrage et se fit servir à déjeuner chez lui.

Vers le milieu du jour, madame Leloup frappa et entra d'un air solennel; elle lui demanda un instant d'entretien.

Hugues lui fit signe de parler. Elle s'installa dans un fauteuil et mit un coussin sous ses pieds. De telle sorte que son malheureux gendre vit qu'il allait subir un long discours.

— *Monsieur*, dit-elle, il vient un moment où les choses sont si choquantes, si extraordinaires, qu'une mère ne peut plus garder le silence.

Ma fille est malheureuse et a versé ses chagrins dans mon sein maternel. Je vous ai confié son bonheur, j'ai *tout sacrifié*, vous le savez, pour son établissement; j'ai, je crois, le droit de vous demander quelques explications sur votre conduite.

Que signifient ces voyages si fréquens à Paris? Que signifient les lettres de femmes que vous recevez journellement?

— Je crois, Madame, dit Hugues, qu'en cette circonstance, vous vous exagérez beaucoup vos droits. Mes voyages à Paris auraient pour unique cause ma volonté, que je les croirais suffisamment justifiés; j'ai donné à ce sujet des explications amicales à votre fille, vous me permettrez de ne pas vous en donner à vous.

Pour les lettres que je reçois, si ma femme et vous ne vous étiez pas permis de faire manquer mes domestiques aux ordres que je leur donne; si on portait dans mon atelier mes lettres aussitôt qu'elles arrivent, votre indiscrète curiosité n'aurait pas lieu d'en interpréter si soigneusement et quelquefois si faussement les indices extérieurs.

Je ne vous parlerai pas de vos droits, mais de vos devoirs.

En admettant que j'aie quelques torts, vous deviez les pallier au yeux de Louise, être entre elle et moi un intermédiaire d'indulgence et d'accord. Loin de là, vous jetez perpétuellement dans sa jeune imagination des semences de jalousie, d'aigreur, d'exigence, qui feront son malheur et le mien.

Je suis heureux que vous ayez parlé de *vos sacrifices* ; je vous ferai à cet égard observer que la dot de Louise, dot que je n'ai pas encore reçue, sera le produit d'une terre dont vous jouissez je ne sais à quel titre; mais qui lui a été léguée par une tante; et ne vous a jamais appartenu.

Loin de là, vous ne m'avez jamais payé l'intérêt de cette somme, que vous devez me payer jusqu'à la vente de la terre dont vous touchez les produits. Je profite du hasard qui nous amène sur ce sujet, pour vous prier de me remettre cette somme dont je me trouve avoir besoin.

Je vous traite ici de mon mieux ; mais écoutez bien ceci :

Si je m'aperçois jamais que vous disiez à ma femme un seul mot capable de l'affliger, de diminuer la confiance qu'elle peut avoir en moi, de détruire l'accord que je *veux* voir entre nous,

Une heure après, vous pourrez lui dire adieu; vous ne la reverrez plus.

— C'est-à-dire que vous me chasserez.

— C'est-à-dire que je vous prierai de ne plus venir apporter le trouble, le désordre et le chagrin dans ma maison.

— Quoi! Monsieur, vous oseriez séparer la mère de sa fille chérie? Vous me tueriez plutôt que de m'y obliger!

— Je ne vous tuerai pas, je n'écouterai pas

vos phrases ampoulées; mais je serai le maître chez moi.

— Monsieur, je n'aurai donc pas le droit de pleurer avec ma malheureuse fille?

— Non, Madame, attendu que, pour donner cette touchante preuve d'amour maternel, vous lui faites des chagrins exprès pour les partager.

Ah! ajouta Hugues en se parlant à lui-même, périssent les vertus, si elles peuvent entraîner avec elles leur affectation; périssent les mères et les filles, s'il n'y a pas d'autre moyen d'anéantir l'amour maternel bavard et importun dont on abuse si fort.

Hugues, à notre avis, n'avait pas tort. Les vertus comme les douleurs, comme la tendresse, doivent avoir de la pudeur, et ne pas être si pressées de se montrer toutes nues. Vos vertus sont des courtisanes.

Les paroles, quand il s'agit de chagrins, d'amour, de dévoûment, me semblent toujours des actions avortées, des fœtus d'actions broyées et réduites en poussière qu'emporte le vent.

— Quoi! s'écria madame Leloup, quand je viens vous supplier de ne pas faire le malheur de ma fille, vous parlez de me chasser, et vous me faites d'ignobles réclamations d'argent. Je le vois trop, vous ferez notre malheur à toutes deux.

— Madame, je ne suis appelé à faire à vous ni votre malheur, ni surtout votre bonheur.

Pour le bonheur de Louise, je m'en suis chargé et je m'en charge encore.

Je ne crois pas ma réclamation aussi ignoble que vous le prétendez.

Si vous aviez fait des sacrifices pour votre fille, l'action de les reprocher mériterait peut-être cette qualification d'ignoble. Que dirai-je des sacrifices que vous reprochez sans les avoir faits?

Vous parlez de vos droits, j'ai pu parler des miens, et à ces droits se joint un besoin réel.

— Ah! Monsieur, moi qui vantais encore, il y a trois jours, à mon amie, madame de Vanerey, votre noblesse et votre désintéressement, en les invitant à dîner pour demain.

L'habileté que croyait déployer madame Leloup dans sa réponse; en faisant intervenir les dames de Vanerey, et la bonne opinion qu'elle leur avait fait concevoir de son gendre, opinion qu'il ne pouvait s'empêcher de justifier — cette habileté manqua entièrement son effet. Hugues ne fut frappé que d'une chose : d'un dîner dispendieux qu'il avait à donner le lendemain. Il n'avait presque plus d'argent, et cet argent était destiné à entretenir la maison pendant les quinze jours qu'il avait espéré consacrer à son tableau.

— Madame, dit-il, vous me voyez désolé; mais j'ai si peu de temps disponible, que je ne puis écouter vos paroles qu'autant qu'elles renfermeraient un sens; et je vous vois prête à vous jeter dans les paraphrases et les tirades, dans le genre de Clitemnestre, d'Andromaque et autres mères de tragédie.

Il reprit sa palette et se replaça devant son chevalet.

Madame Leloup se leva fort offensée et traversa l'atelier, droite, la tête si renversée en arrière, pour plus de dignité, que son visage était presque parallèle au plafond.

Hugues crut voir une actrice d'une ville de troisième ordre, jouant la tragédie par extraordinaire et au bénéfice d'une famille indigente, qui, tout compte fait, redevra, après la représentation, dix francs au lampiste pour frais d'éclairage.

Ou plutôt il ne vit rien.

Il lui semblait fort désagréable que madame Leloup ne le prévînt que par hasard qu'elle donnait à dîner chez lui. Il lui semblait encore plus désagréable de voir dépenser en ce moment le peu d'argent qui lui promettait quinze jours de calme, de repos et de travail.

Cette pensée l'absorbait. Il ne put continuer à

travailler, alla détacher Schütz, et tous deux allèrent se promener dans le bois.

Schütz ne sentait que la joie de se voir libre, et sautait jusqu'au visage de Hugues pour le caresser.

ouise se présenta de bonne heure dans l'atelier de son mari.

— Vous avez bien affligé ma mère. Comment! c'est elle que vous accusez d'un chagrin que j'ai eu tort de laisser voir; mais dont vous êtes la seule cau   u reste, elle promet de ne jamais me dire un mot qui vous concerne.

Elle ne m'a jamais dit de mal de vous. Loin de là, elle me dit souvent : Ton mari te trompe, mais il est jeune, prends de la patience; les pauvres femmes sont nées pour souffrir. D'ailleurs, il a des qualités qui doivent te faire passer par dessus ses infidélités.

Hugues sourit à ce panégyrique sot ou perfide, que faisait de lui son agréable belle-mère.

— Louise, dit-il, je veux croire votre mère plus folle que méchante; mais, au nom du Ciel! rappelez-vous notre conversation de l'autre nuit! les paroles que je vous ai dites alors sortaient de mon cœur ouvert! opposez-les à toutes les mauvaises impressions que vous pourrez prendre contre moi. Soyez bonne; cela vous sera d'autant plus facile que j'ai pour vous une réelle affection qui, je vous le jure, ne s'est pas démentie un moment depuis notre mariage.

— Oublions tout, dit Louise.

Hugues sentit un mouvement nerveux d'impatience. Louise n'avait rien à oublier. Il le lui expliqua et crut le lui avoir fait comprendre; mais Louise était opiniâtre, non pas qu'elle répondît par des raisons ou des objections; mais elle suivait son idée sans écouter ce que son mari croyait tout-puissant pour la détruire. Pendant qu'il parlait, elle cherchait dans sa tête de nouveaux prétextes pour se confirmer dans sa façon de voir.

Lorsque Hugues eut fini, il l'embrassa affectueusement; mais, quand un quart d'heure après elle sortit de l'atelier, elle lui dit : Oublions tout.

Deux heures avant le dîner, arriva l'oncle Jean, dont l'invitation tombait précisément ce jour-là. Hugues fut aimable et prévenant pour les dames de Vanerey.

Mais madame Leloup et sa fille ne purent dissimuler leur mauvaise humeur de voir l'oncle

Jean à leur table, précisément le jour où elles recevaient une société aussi distinguée.

Hugues passa son temps à réparer des maladresses plus ou moins involontaires. On oubliait de servir à table l'oncle Jean, qui mangeait son pain sec et s'efforçait de ne pas laisser voir à son neveu une impertinence dont il se sentait rougir jusqu'aux oreilles.

On trouvait moyen de l'exclure de la conversation; on fit comprendre aux deux nobles convives que le *hasard* seul avait amené ce jour-là *une société* qu'on ne leur eût pas fait subir avec préméditation.

— Monsieur, dit madame Leloup, est l'oncle de M. Hugues.

— Et conséquemment celui de Louise, ajouta Hugues avec intention.

Louise fit une petite moue.

Madame de Vanerey comprit Hugues et dit — Je me rappelle avoir *eu le plaisir* de voir Monsieur le jour de la noce.

Hugues s'inclina pour remercier madame de Vanerey, et dit : — C'est lui qui me servait de père.

— Nous n'espérions pas, dit madame Leloup, avoir Monsieur à dîner ; comme vous aviez demandé à être traitées sans cérémonie, *nous n'avions invité personne*. C'est un heureux *hasard*....

— Non, dit Hugues, c'est *à ma prière* que mon oncle *a bien voulu* venir.

Un peu après, comme on en vint à parler du mariage d'une fille du Hâvre,

Madame Leloup dit : — Je plains le mari : mademoiselle *** a une multitude d'*oncles* et de *tantes* ; rien n'est si fâcheux que d'*épouser* ainsi les familles.

— Ma chère belle-mère, dit Hugues décidé à ne rien laisser passer ; ne parlez donc pas ainsi, vous feriez douter ces dames et mon oncle du bonheur que je trouve à vous avoir près de moi.

— Voulez-vous comparer *une mère*....

— Il n'y a aucune raison qui oblige à *épouser* la mère avec la fille, pas plus que les oncles et les tantes; pour l'épouseur, il n'y a pas de degrés de parenté entre gens qui lui sont entièrement et également étrangers.

Je ne sais quels souvenirs ces mots évoquèrent dans l'esprit de madame Leloup, mais elle rougit et reprocha aigrement à la domestique de ne pas changer les assiettes assez promptement.

Les dames de Vancrey, qui savaient vivre, furent bienveillantes pour l'oncle Jean. Celui-ci parla de ses voyages, qui n'étaient ennuyeux qu'à la deuxième ou troisième fois qu'on les lui entendait raconter; et ces dames n'en étaient qu'à la première.

Le soir, Hugues annonça en plaisantant qu'il

accompagnerait à cheval son oncle et les dames de Vanerey. Cela devait, disait-il, dissiper un grand mal de tête dont il était accablé; mais le but réel de cette promenade passablement tardive était d'aller vendre une fort belle bague qu'il avait, et deux de ses couverts d'argent, pour remplacer l'argent dépensé ce jour-là.

Le matin, madame Leloup le rejoignit comme il se promenait dans le jardin.

— *Mon gendre*, dit-elle, pour cette fois, vous ne m'accuserez pas d'avoir parlé à ma fille; c'est à vous, à vous seul que je veux communiquer un grand chagrin que vous me causez. Ma pauvre Louise....

Hugues, depuis quelque temps, ressentait une telle surexcitation nerveuse, que ces mots : Ma *pauvre Louise*, le firent tressaillir d'impatience.

— Ma pauvre Louise est naturellement ai-

mante ; je vois avec peine que vous vous éloignez d'elle.

— Comment! dit Hugues, n'avons-nous pas hier passé tout le jour ensemble?

— Je ne nie pas que vous ayez passé *tout le jour* ensemble; mais mon observation ne subsiste pas moins pour cela : une femme qui a le *cœur tendre et expansif* ne peut voir sans chagrin l'abandon où la laisse son mari.

— Mais je viens de répondre à cela. Je ne l'ai pas hier quittée pendant une demi-heure.

— Je vous ai aussi répondu que, bien que vous ayez passé *le jour* ensemble, ce dont je me plains n'existe pas moins.

Votre femme est *jeune.*

Elle vous *aime.*

— J'en suis enchanté.

— Comment voulez-vous qu'elle le devine?

— Par mon affection, mes soins.

— Vous ne voulez pas me comprendre.

— Je ne puis vouloir l'impossible.

— Pauvre enfant! dit madame Leloup en levant les yeux au ciel.

Hugues frappa la terre du pied.

— Au moins, le jour, je suis là pour te consoler!

Hugues commença à comprendre. Elle ajouta :

— Vous m'obligez à entrer dans d'étranges détails. Ne voilà-t-il pas trois nuits que vous passez dans votre atelier?

— Ah! s'écria Hugues, pour le coup, c'est trop fort! Quoi! vous prétendez aussi vous mêler de ces heures-là? Si cela ne m'impatientait pas si fort, vous me verriez mourir de rire.

. . . .
. . . .

— Faites comme vous voudrez, Monsieur; abusez de ce que ma fille est trop honnête femme.

— Je ne sais ce que signifie ce *trop*. Chaque femme se croit *assez* honnête femme, et trouve *excessif*, en ce sens, ce qu'une autre a de plus qu'elle.

Votre fille, à mes yeux, est simplement honnête femme. On ne saurait, selon moi, l'être trop. Il n'y a pas de degré; si elle l'était *moins*, elle ne le serait pas du tout. Il est maladroit à vous de dire qu'elle l'est trop : c'est dire que vous l'êtes moins qu'elle. . . . . . Tirez la conséquence de mon syllogisme.

—Ceci est trop subtil pour moi, Monsieur.

—Comme ce que vous me disiez, trop ridicule pour moi, Madame.

Un beau jour.

QUELQUES jours après, le soleil se leva au milieu de vapeurs qu'il colorait d'une douce teinte de rose et de lilas, et qui ne tardèrent pas à se dissiper.

Comme on aime à vivre dans ces premiers jours de printemps !

L'hiver, on a admiré les pierreries qui étincelaient dans les cheveux des femmes.

Mais comme les diamans, les rubis, les émeraudes perdent à mes yeux ce matin !

La terre a ouvert d'elle-même son riche écrin ; elle se fait belle et coquette aux regards du soleil printanier. Il n'est plus besoin d'aller, au risque de la vie, chercher dans ses entrailles ou au fond des mers, de l'or, des pierres précieuses, qu'elle donne malgré elle, et qu'elle a enveloppés de cailloux bruts et grossiers qui les rendent invisibles, et dont un opiniâtre travail peut seul les débarrasser.

Les couleurs des fleurs sont plus riches que celles des pierreries.

Nous voyons les pierreries dans les salons, dans une atmosphère viciée, dans un air qui fatigue les poumons.

Les fleurs exhalent un air embaumé qui donne à l'esprit et à l'âme une ivresse mystérieuse.

Il y a déjà quelque temps qu'ont paru les premières fleurs de l'année; mais l'habitant des villes ne les connaît pas; il ne voit les champs qu'au mois de juin, et les coudriers ont encore le pied dans la neige—quand de leurs bourgeons sortent de petits pinceaux de la plus splendide couleur de pourpre.

Les pêchers ouvrent leurs fleurs roses au soleil; les amandiers exhalent le parfum amer de leur couronne blanche.

Les lilas balancent leurs grappes parées de la couleur qui, entre toutes, est la plus fraîche et la plus printanière—cette nuance qui représente à mon esprit l'idée de la douce mélancolie de l'amour qui espère. Plus haut pendent les fleurs jaunes de l'ébénier; et la violette, cette améthyste parfumée, se cache sous l'herbe.

Les fleurs, cassolettes de topaze, de rubis, de saphir, mêlent leurs parfums; les oiseaux mêlent leurs chants.

Parfums et harmonie sont un hymne céleste auquel l'homme sent le besoin de ne pas rester étranger; il y a en lui quelque chose d'aussi riche, d'aussi doux que le chant des oiseaux et le parfum des fleurs — ce sont les pensées d'amour qui s'exhalent alors de son cœur et lui font verser des larmes — des larmes qui ont, comme l'odeur de l'aubépine et de l'amandier, une *suave amertume*.

Tout le monde a remarqué — du moins ceux qui remarquent — que les souvenirs ne sont pas jetés pêle-mêle dans la mémoire — il y a des souvenirs qui restent dans la tête, quelques uns dans le cœur, d'autres dans l'estomac.

Quand un air de musique, un mot, un rayon de soleil, un parfum, a évoqué un souvenir, celui-là en entraîne un autre, et il s'en déroule alors comme un chapelet, tant ils se tiennent les uns aux autres; mais ils sont tous de la même nature.

Tous tristes,

Tous gais,

Tous mélancoliques.

En ces jours de printemps, il y a un certain nombre de nos journées mortes, qui sortent du passé comme d'une tombe, et paraissent devant nous, ou plutôt apparaissent : ce sont toutes des journées pleines d'amour, d'amour pur et confiant, d'amour poétique, d'amour qui élève l'âme, d'amour qui ignore et qui croit.

Tandis que, dans le jardin de Hugues, on entend bourdonner les abeilles autour des hyacinthes en fleurs,

Voyons quels soins occupent simultanément

nos différens personnages. Retournons à Étretat.

Vilhem est couché dans l'herbe, au dessus de la falaise d'aval, non loin de sa maison; il goûte un des bonheurs les plus complets qu'il soit donné à l'homme d'obtenir, c'est-à-dire un bonheur que chaque instant peut enlever, et que l'on craint assez de perdre pour ne pas cesser de l'apprécier.

Il hume les doux rayons du soleil entouré de nuées blanches qui semblent à tout moment près de le cacher, mais qu'il absorbe à mesure que le vent les pousse dans ses rayons.

Il pense à son chien, et regrette de ne pas le voir bondir autour de lui dans les ajoncs; dans sa mauvaise humeur contre Schütz, il calomnie les chiens et dit :

Entre les chiens, du consentement général les plus fidèles sont les caniches et les barbets; donc, il n'y a de chiens réellement fidèles, que ceux que la nature ou les circonstances ont rendus tellement laids et sales, que personne ne voudrait les enlever à la tendresse de leur maître.

Mais bientôt Vilhem abandonne toute autre idée pour ne penser qu'à Thérèse.

La pauvre enfant avait bien besoin que quelqu'un pensât à elle.

Maître Kreisherer était mort depuis un mois, et la commune avait disposé de la maison qu'il occupait pour son successeur. Thérèse devait la quitter le lendemain. Elle était seule dans cette maison où son père était mort, où Hugues était venu si souvent; seule avec une vieille femme qui arrangeait les paquets pour le départ prochain. Elle visitait, pour leur dire un triste adieu, tous les endroits où il lui fallait abandonner tout ce qui lui restait : ses souvenirs.

Mais tout à coup elle fut tirée de sa rêverie par un bruit derrière elle; elle se retourna et jeta un cri d'effroi.

Il y avait, dans la commune, un assez mauvais sujet appelé Louis Leroy, lequel, dans les derniers temps de la vie de maître Kreisherer, s'était avisé de faire à sa fille une cour assidue et de demander en mariage. Thérèse l'avait refusé; mais ce refus n'avait fait qu'augmenter la passion de Louis qui la suivait partout, trouvait moyen de se placer près d'elle à l'église, l'abordait à la sortie de la messe, et l'accompagnait, quoi qu'elle pût dire, jusque chez elle.

Une fois le clerc mort, les obsessions de Louis avaient pris un caractère plus alarmant. Thérèse se trouva dans un grand abandon. Elle et Vilhem avaient compris en même temps, et sans se le dire, que Vilhem ne pouvait plus fréquenter, comme autrefois, la maison du clerc. On avait dit à la fontaine, et c'était devenu l'opinion générale, que maître Kreisherer était mort du chagrin que lui avait donné le scandale causé à Étretat par le séjour et la disparition de l'étudiant. Les filles étaient heureuses d'avoir un prétexte de haïr ouvertement une fille plus jolie qu'elles, et de formuler leur envie en paroles de mépris.

Le bonheur n'est pas d'un accès facile; il a un instinct secret qui l'avertit que toute la terre est conjurée contre lui; qu'il faut se cacher sous l'herbe et se dérober aux regards. Tant que vécut le clerc, les deux seules personnes qui furent admises dans la maison furent Vilhem Girl et l'étudiant — et l'on sait ce que celui-ci y apporta de tristesse et de larmes. Après la mort de son père, Thérèse ne vit autour d'elle que des gens charmés que le sort prît la peine de les venger, par l'abandon où se trouvait Thérèse, de ces personnes qui s'étaient suffi à elles-mêmes et avaient paru n'avoir aucun besoin des autres — une des choses qui se pardonnent le moins dans la vie ordinaire.

La pauvre enfant, chassée de la petite maison, avait loué un autre logement pour elle et une vieille servante, dans une maison sans avenir et sans passé, sans espoir et sans souvenirs.

Le bruit qui lui avait fait jeter un cri d'effroi était produit par les pas de Louis Leroy.

— Vous voilà donc faisant votre frêt, ma belle, lui dit-il, et près de virer de bord; mais je viens vous avertir que le vent est mauvais, et qu'il ne serait pas sage de vous mettre en route. Le logement que vous aviez loué n'est plus pour

vous: votre serviteur s'en est emparé à l'abor-
dage ; il vous faut donc en chercher un autre o
vous décider à le partager avec moi.

Thérèse fit un geste de refus et de dédain.

— Et encore; continua Louis, je ne sais tro
comment vous pourrez trouver un logis d'ici
demain; car c'est demain que le nouveau cler
s'installe, et il prendra possession sitôt que le
soleil pointera derrière la porte d'amont.

A la démarche et aux paroles de Louis,
Thérèse s'aperçut facilement qu'il avait bu du
genièvre outre mesure; elle appela la vieille
servante.

— Oh! la belle enfant, dit Louis Leroy,
penses-tu me faire battre par ta vieille? Si tu n'as
pas d'autre secours, ce n'est pas cela qui m'em-
pêchera de t'embrasser.

— Allons, Louis, dit la vieille, allez-vous-en,
mon ami; vous n'êtes pas en état de raison.

— Je suis en état de rompre tes vieux os, si
tu souffles! s'écria le pêcheur. Il y a trop long-

temps que Thérèse fait la bégueule avec moi; puisque l'occasion s'en trouve, je ne partirai pas sans avoir baisé ses jolies lèvres dédaigneuses.

Et il saisit Thérèse dans ses bras.

La servante voulut la débarrasser; Louis la repoussa.

— La vieille! ne prodigue pas les deux ou trois jours de sursis que te donne M. le curé avant de t'enterrer!

Et Thérèse se débattait convulsivement entre les bras de fer du pêcheur; elle cria, et des pas se firent entendre sur le chemin. Louis alors la laissa aller et s'enfuit.

Comme il sortait, un bras d'une plus forte trempe encore que le sien l'arrêta.

— D'où viens-tu?

— Ah! c'est toi, Vilhem. J'ai voulu embrasser ma femme, ma future, et elle a crié comme une sotte.

— Est-ce de Thérèse que tu parles, maudit ivrogne?

— De Thérèse ou d'une autre, cela ne te regarde pas. Tu m'appelles ivrogne parce que je ne t'ai pas payé la moitié de ce que j'ai bu. Il est vrai qu'il y avait de quoi mettre sous la table deux pêcheurs manqués comme toi; mais pour moi, c'est ma ration : une goutte de moins, je serais malade.

Vilhem le secoua vigoureusement.

— Je te demande si c'est dans la maison du clerc, que tu t'es avisé d'aller faire du bruit?

— La maison actuelle du clerc est trop étroite et trop triste pour que je veuille y entrer. Je te dis que j'ai voulu embrasser Thérèse, et qu'elle a crié; sans cela, si elle avait résisté sans bruit comme le doit une honnête fille, j'en serais bien venu à bout.

— Or ça, écoute, mon Louis : si jamais tu mets les pieds dans la maison de Thérèse, je te promets de te rompre les os et de jeter ton corps aux poissons. En attendant, et pour te bien fixer mon avis dans la tête, je vais y joindre une légère correction.

Louis voulut se défendre; mais, après une lutte de quelques instans, il fut renversé tout meurtri, et s'endormit à la place où Vilhem le laissa.

Chez M. le maire, dans une grande pièce carrelée qu'on appelait le salon, M. le maire et M. Bernard jouaient au piquet, selon leur habitude. La femme de M. le maire causait avec deux ou trois femmes. Roland ronflait au coin de la cheminée.

— Cinq cartes et trente-six au point, disait M. le maire.

— C'est bon, répondait M. Bernard.

— Une quinte à la dame.

— Excellente.

— Un quatorze de dames.

— Également bon.

— Donc, dit M. le maire, les yeux pétillants de joie et d'orgueil, et résumant son triomphe par une locution proverbiale : « *Quinte et quatorze et le point, ma mère — jouerai-je ?* »

—Hé bien ! dit une des femmes, M. Bernard est-il plus heureux ?

— Voilà trois francs que je perds, reprit M. Bernard ; je n'ai plus d'argent : il faut que M. le maire me permette de jouer sur parole.

— Volontiers.

— Je sais, du reste, que les dettes de jeu sont des dettes d'honneur, et qu'elles se paient dans les vingt-quatre heures qui suivent.

A ce moment, on frappa précipitamment et on entra presque aussitôt. C'était Thérèse qui s'était enfuie par la porte du jardin aussitôt que Louis l'avait laissée échapper. Elle était pâle et haletante. Elle s'adressa à M. le maire sans faire aucune attention aux autres personnes qui se trouvaient là.

— M. le maire, lui dit-elle, je viens implorer votre protection. Je suis seule, abandonnée, depuis que mon pauvre père est mort; demain, il faut que je quitte la maison que j'occupais avec lui. J'avais loué un autre logement; mais, par des circonstances auxquelles je ne puis rien comprendre, ce logement a été loué à une autre personne, et je n'en ai plus. Permettez-moi de rester encore quelques jours dans la maison.

— Cela ne dépend pas de moi, reprit M. le maire avec dignité; le nouveau clerc arrive demain, vous vous adresserez à lui.

— Mais, M. le maire, si vous vouliez lui dire vous-même un mot à ce sujet?

— Non, il a été choisi par le curé; je veux éviter un conflit entre l'autorité municipale et l'autorité religieuse.

— Je ne sais alors comment je ferai. J'attendrai le nouveau clerc; il ne voudra pas me chasser. Mais ce n'est pas là surtout ce qui m'amène. Je viens d'être insultée chez *moi*, dans la maison où est mort mon père : je vous demande justice et protection. Louis Leroy est entré chez moi, mes cris ont pu seuls le faire sortir.

— Allons, allons, dit M. le maire avec un air extrêmement capable et séducteur tout à la fois, nous savons ce que c'est que cela. Louis Leroy est un brave garçon qui vous fait la cour; son père m'en parlait encore hier en m'apportant de l'argent — un excellent fermier qui me paie fort exactement.

— Fort exactement, crut devoir ajouter M. Bernard.

— Le fils veut vous épouser, continua M. le maire, et c'est un parti qui me paraît sortable;

vous avez quelque chose; lui sera également un jour fort à son aise — il n'y a rien de si naturel que de s'introduire un peu clandestinement chez sa fiancée.

— Mais, Monsieur, dit Thérèse, je ne suis pas sa fiancée, et ne la serai jamais.

— Ah! voilà; on voudrait épouser un sous-préfet. Ma chère enfant, entre nous, vous avez toujours fait un peu la renchérie. Après tout, que vous a fait Louis? un brave garçon que j'aime infiniment.

Thérèse rougit et baissa les yeux. Elle était si humiliée d'avoir été serrée dans les bras de ce rustre, que, si elle avait pensé avoir à le dire à quelqu'un aussi précisément, elle ne fût sans doute pas venue se plaindre à M. le maire.

— Voyons, que vous a-t-il fait?

— Que vous a-t-il fait? dit M. Bernard.

Thérèse dit à voix basse qu'il avait voulu l'embrasser. M. le maire éclata d'un gros rire.

— Quoi! c'est pour cela, pour avoir voulu vous embrasser, que vous voulez que ce pauvre garçon soit mis en prison? Mais tous les jours on embrasse une fille pour rire un moment, et personne ne s'en plaint, surtout au point où vous en êtes ensemble.

Les femmes s'étaient rapprochées et murmuraient les mots de bégueule, de mijaurée, etc.

— Mais, M. le maire, je vous répète que nous n'en sommes à aucun point. Louis m'a demandée en mariage et je l'ai refusé; je ne veux de lui à aucun prix.

— Et vous avez tort, ma chère enfant; vous prendrez peut-être plus mal, surtout après l'éclat de votre aventure avec certain étudiant.

— Comment! quel éclat? quelle aventure?

— Allons, allons, dirent les femmes, ne parlez pas de cela, M. le maire; la pauvre fille a été *trompée*: c'est la faute des hommes qui *obtiennent tout* d'une fille sous prétexte de mariage, et l'abandonnent ensuite.

— Mais je ne sais ce qu'on veut dire? M. Hugues n'a rien obtenu de moi, qu'une honnête fille ne puisse hautement avouer. Je ne l'ai jamais vu que devant mon père.

— Oh! dirent les femmes, on sait ce qu'on sait.

— Nous ne vous demandons pas votre confession, ma belle, dit M. le maire; il y a une foule de jolis péchés que les filles ne sont pas forcées d'avouer.

— ..... ne sont pas forcées d'avouer, dit M. Bernard.

— Mon père! mon père! s'écria Thérèse, ne peux-tu donc plus protéger ta malheureuse fille!

Et, après avoir promené sur *la société* un regard plein de dignité et de douleur, elle sortit.

Thérèse rentra dans sa maison, pâle, mais les yeux brillans, la démarche saccadée. Elle n'avait plus peur; elle était arrivée à ce point de désespoir qui met au dessus du malheur. La vieille

servante était endormie; elle ne la réveilla pas.
Elle se mit devant une table : c'était la table sur
laquelle était placé son ouvrage, lorsque, de la
petite fenêtre, elle voyait passer l'étudiant. Elle
s'approcha de sa harpe et joua quelques uns des
airs qu'ils avaient chantés ensemble. Le dernier
fut :

O yung Fraü......

Puis elle resta quelque temps à pleurer.

Ensuite elle regarda le clavecin de son père;
elle songea que le lendemain elle serait chassée
de cette maison; qu'elle était en butte au mépris
de tous les habitans du pays, exposée aux insultes de Louis Leroy, sans secours, sans protection, sans espoir.

Et d'ailleurs, qu'aurait été pour elle un espoir,
après que le plus cher de tous avait été si cruellement trompé?

Elle songeait bien un peu à Vilhem, Vilhem
si bon, si généreux pour elle.

Mais quel droit avait-elle de le réveiller de la

douce paresse qui faisait tout le charme de sa vie?

Et d'ailleurs, son existence à elle était flétrie, perdue.

Elle se remit devant la petite table et écrivit :

« A VILHEM GIRL.

« Mon cher Vilhem,

« Je ne vous peindrai pas mon désespoir ni
« les causes qui m'y ont amenée. Je suis décou-
« ragée de la vie. Je vais aller demander à Dieu
« une paix que, depuis long-temps, je ne puis
« plus trouver sur la terre.

« Vous m'avez connue, vous, Vilhem ; vous
« savez que j'ai toujours été une honnête fille.
« J'ai aimé Hugues, je l'ai aimé beaucoup —
« quoique je ne vous aie jamais parlé de lui
« depuis que vous m'avez rapporté ma branche
« d'ajonc, je n'ai pas un seul moment cessé
« d'y songer. Je l'aime encore, et il aura ma der-
« nière pensée.

« J'ai, vous le savez encore, entouré de soins
« et de tendresse la vieillesse et les derniers
« jours de mon père. Tant qu'il a vécu, j'ai sup-
« porté courageusement une vie devenue un
« fardeau; mais je n'aurais pas voulu, en mou-
« rant, laisser à une autre le soin de lui donner
« le dernier verre d'eau dont il a eu besoin.

« Aujourd'hui, abandonnée, découragée,
« méprisée, je n'ai plus la force de vivre, et je
« vais mourir.

« J'ai été toute ma vie bonne et honnête,
« Dieu me recevra dans son ciel.

« Je ne laisse à regretter sur la terre que votre
« amitié, mon cher Vilhem. Mes habitudes,
« mes affections, m'ont précédée au ciel; mon
« père et ma mère réunis m'y attendent pour
« compléter leur joie éternelle; la musique ne
« me rappelle plus que mon père mort et mon
« amour trahi.

« Vous me ferez enterrer près de mon père.
« Si jamais *il* revient dans ce pays, vous l'amè-

« nerez prier sur ma tombe; sa prière montera
« jusqu'à moi avec les parfums du soir.

« Je vous donne tout ce dont je puis disposer;
« gardez, en souvenir de vos amis, ce qui a ap-
« partenu à mon père et à moi.

« Adieu, Vilhem, adieu; quand je serai là-
« haut, si la douleur et les angoisses ont leur
« récompense, si le bonheur qu'on n'a pas ren-
« contré sur la terre doit être payé dans le ciel,
« si Dieu fait de moi une de ses saintes, je veil-
« lerai sur vous et sur votre canot pendant la
« tempête.

« THÉRÈSE. »

Quand elle eut fini cette lettre, elle resta quelque temps pensive; son esprit déjà semblait ne
plus tenir à son corps.

Puis elle ferma la fenêtre, plaça devant une
pièce d'étoffe pour que l'air ne pût pénétrer;
ensuite elle alluma un grand brasier, calfeutra
également la porte, et se coucha sur son lit.

Nous vous avons dit ce qui se passait à Étretat pendant ce beau jour de soleil; retournons à X***.

Madame Leloup, Louise et la *suivante* Arthémise, étaient renfermées dans le salon.

— Ils se sont encore rencontrés hier, disait Arthémise. Quand j'ai vu Monsieur sortir le matin, selon sa coutume, je l'ai suivi de loin ; il est entré dans le bois, et, après une foule de détours qu'il avait l'air de suivre au hasard, il est arrivé à la mare.

Comme je m'y attendais bien, la femme à Jacques y était, elle faisait semblant de laver un tas de linge ; mais je savais d'avance à quoi m'en tenir. Pour plus de finesse, elle avait avec elle sa bourrique, comme pour remporter le linge.

— Eh ! bonjour, madame Jacques, que dit comme ça Monsieur ; y a-t-il long-temps que vous êtes au rendez-vous ?

— Au rendez-vous ! dit ici madame Leloup.

— La femme à Jacques ne répondit pas grand chose. Monsieur s'approcha.

Mais je crois ou qu'ils m'ont vue ou que j'ai fait du bruit dans les broussailles ; car la femme à Jacques est restée toute droite devant Monsieur, et lui a tiré sa boîte à couleurs et a fait semblant de faire son portrait. Au bout de trois quarts d'heure, voyant que cela n'en finissait pas, et qu'ils attendaient, pour se dire autre chose, que je fusse partie, j'ai quitté la place et les ai laissés ensemble.

Ce que racontait Arthémise était vrai, mais son interprétation était fausse. La femme de Jacques avait un assez beau caractère de tête que Hugues avait discerné sous sa peau dure et hâlée. Il lui avait demandé la permission de faire une étude d'après elle, et elle y avait consenti après que Hugues lui eût assuré que cela ne lui porterait pas malheur, et qu'il lui ferait un portrait d'elle pour son mari.

Quand la mère et la fille furent seules, elles firent de longs commentaires sur les trahisons du malheureux mari de Louise. Elles déplorèrent ce funeste mariage, et tombèrent en sanglotant dans les bras l'une de l'autre.

ugues était dans son atelier, tantôt marchant à grands pas de long en large, tantôt se jetant dans un fauteuil.

Quelquefois, il se mettait devant sa toile et

essayait de peindre ; mais, au bout de quelques instans, il replaçait par terre ses brosses et sa palette et se remettait à marcher.

Voici quelle était la cause de cette agitation.

Deux jours auparavant, s'était présenté le marchand de fourrages, qui était adjoint au maire, qui lui avait dit : — Monsieur, ainsi que je vous l'ai annoncé, il m'est impossible de continuer à vous fournir.

Hugues avait répondu qu'il paierait dans une semaine.

— Alors, Monsieur, dans une semaine je serai de nouveau à vos ordres pour tout ce dont vous pourrez avoir besoin ; mais d'ici là il est bien décidé que je ne donne pas une botte de paille.

— Hé bien! dit Hugues impatienté, faites comme vous voudrez, et laissez-moi tranquille.

— De plus, Monsieur, je vais être forcé de

vous faire assigner chez le maire pour le paiement de ce que vous me devez.

— Faites-moi assigner, dit Hugues; je dirai devant le maire ce que je vous dis à vous. Je vous paierai dans huit jours.

— Par l'absence de M. le maire, je remplis ses fonctions ; et je ne vous cache pas que je vous condamnerai à me payer immédiatement. Il y aurait, Monsieur, un moyen de tout concilier. Je vois bien que cela vous gêne de nourrir un cheval : vendez-le-moi, je vous donnerai de l'argent en sus de ce que vous me devez.

Hugues fut un moment interdit et saisi d'indignation; l'offre de cet homme était impertinente, et cependant elle était nécessaire.

Si Hugues refusait de vendre le cheval, il ne pouvait plus le nourrir. Il lui dit : — Combien m'en donnez-vous ?

— Je l'ai fait estimer par le vétérinaire cinq cents francs.

— Je l'ai payé huit cents, il y a quelques mois.

Allons, pensa Hugues, c'est un piége que l'on m'a tendu; il ne me refuse du fourrage que pour me forcer de lui vendre le cheval. Ma foi! au diable le cheval et toute la maison!

— Prenez, dit-il, le cheval pour cinq cents francs.

— Quand on me paie comptant, dit le grainetier, je fais un escompte de cinq pour cent; et je l'exige quand je paie comptant : cela fait vingt-cinq francs à déduire.

— Soit.

— Je voudrais voir la bête et la faire trotter.

— Voyez-la et emmenez-la tout de suite.

— Volontiers.

Hugues et son acquéreur sortirent ensemble de la maison pour aller à l'écurie. A la porte, étaient deux ou trois fournisseurs auxquels il devait quelque argent; l'achat du cheval était un complot, et ils étaient pressés d'en connaître le succès. Le grainetier leur fit un signe affirmatif, et ils se retirèrent.

— Pierre, dit Hugues, faites sortir le cheval.

— Le cheval? dit Pierre, madame Leloup l'a fait atteler et est partie avec à Paris.

Hugues frappa la terre du pied. Un Romain prétendait faire ainsi sortir du sol une armée; Neptune en faisait sortir un cheval; le coup de pied de Hugues n'eut pour résultat qu'un peu de poussière.

— Vous l'emmènerez demain.

— Il eût mieux valu en finir aujourd'hui.

— Oui; mais je ne puis faire autrement.

— On emmène donc votre cheval sans vous prévenir?

Cette question, toute familière et inconvenante qu'elle était, frappa Hugues, d'abord par son insolence, ensuite par sa justesse.

Le soir, madame Leloup revint de Paris fort tard.

Le lendemain, qui était ce beau jour de soleil dont nous avons parlé, dès le matin, le grainetier se présenta.

Hugues sortit avec lui. Pierre fut chargé de faire trotter le cheval.

Au premier tour, le grainetier s'écria : — Mais votre cheval est boiteux?

— C'est impossible.

— Voyez vous-même, il boite de l'épaule hors-montoir.

Le cheval boitait en effet. On le fit arrêter. Le grainetier lui toucha l'épaule en plusieurs parties, ainsi que Pierre; celui-ci, ayant trouvé l'endroit douloureux pour le cheval, dit : — C'est un refoulement de l'articulation.

— Non, dit le grainetier, c'est un écart.

— Je parie trois pistoles que c'est un refoulement.

— Quoi qu'il en soit, le cheval est boiteux; je ne peux plus l'acheter.

— C'est un refoulement, dit Pierre, et cela se guérit. Vous n'avez qu'à le mettre au vert pendant trois mois, et lui faire des frictions avec de l'eau-de-vie camphrée, cela ne sera rien.

— Le prenez-vous, oui ou non? interrompit Hugues.

L'impatience de Hugues était visible. Le grainetier ne voulait pas précisément rompre le marché.

— Cela change le prix, dit-il; d'abord, je vais aller chez le vétérinaire, voir si la *boiterie* de la bête est susceptible de guérison; ensuite, en calculant ce que cela me fera de dépense pour la faire guérir, je vous offrirai un autre prix.

Pierre et le grainetier avaient emmené le cheval. A peine étaient-ils partis que deux hommes, qui semblaient n'attendre que leur départ, s'étaient présentés. C'étaient deux autres fournisseurs de la maison, l'épicier et le bourrelier.

Ce dernier n'avait présenté qu'un mémoire peu chargé; mais celui de l'épicier offrait une somme assez forte, eu égard à la position de Hugues. Madame Leloup avait rempli la maison d'une foule d'ustensiles de ménage qui ne servent que dans une maison où l'on reçoit beaucoup de monde. Ces achats s'étaient faits sans la participation du maître de la maison, et s'étaient accumulés sur le livre du fournisseur.

Ces deux hommes, qui étaient entrés d'un air assez libre et presque malhonnête—en présence de Hugues, sous son regard étonné et dédaigneux, perdirent une partie de leur assurance; cependant, l'épicier, qui était le plus orateur, prit la parole et dit :

— Il paraît, Monsieur, que vous allez quitter le pays?

—Pas que je sache, reprit Hugues; et qui vous a dit cela?

— C'est un bruit qui court.

— C'est une sottise. Je ne quitte pas le pays.

— Cependant, il paraît que l'on vend chez vous.

— Que voulez-vous dire?

— M. Jean-Louis, l'adjoint, n'a-t-il pas pris votre cheval pour se payer de ce que vous lui devez?

— Si M. Jean-Louis, l'adjoint, avait voulu *prendre* mon cheval, j'aurais rompu les os de M. Jean-Louis, l'adjoint, comme je le ferais à tout impertinent. Je vends à l'amiable mon cheval à M. Jean-Louis.

— Alors, Monsieur, puisqu'il va vous revenir

de l'argent, ce serait le moment de nous payer nos mémoires.

— Vos mémoires seront acquittés demain matin.

— Est-ce bien sûr?

Hugues sentait ses poings se serrer convulsivement. Il se contint.

— C'est qu'il serait désagréable de revenir inutilement.

— Vous ne reviendrez pas inutilement.

L'effort que faisait notre héros pour ne pas s'emporter trompa l'orateur. Il n'y vit que de la faiblesse, et retrouva toute l'audace qu'il avait perdue en entrant.

— C'est que, si vous nous faisiez revenir inutilement, cela ne se passerait pas bien.

Cette fois, Hugues laissa échapper un formidable juron et s'écria : — Si vous êtes ici dans deux minutes, vous sortirez par la fenêtre.

Les deux fournisseurs s'en allèrent en grommelant.

Hugues, resté seul, fut quelques instans tout tremblant de colère; mais une autre émotion ne tarda pas à l'emporter sur celle-là.

Que va prononcer le vétérinaire? Si le cheval

ne peut être guéri, qu'en vais-je faire? Je n'a pas de quoi lui donner à manger.

Le grainetier va me persécuter pour son mémoire, et aussi ces deux hommes que j'ai remis à demain ; il me faudra subir des impertinences, des humiliations.

A ce moment, il entendit le pas d'un cheval; son cœur se serra.

On ramène mon cheval, le grainetier n'en veut pas.

Mais le cheval passa devant la porte.

Il respira.

S'il me renvoie le cheval, il me faudra courir à Paris, trouver de l'argent à tout prix, quitter mon tableau qui doit m'en donner dans quelques jours; et d'ailleurs, comment aurais-je cet argent?

Pourvu que Louise ne s'aperçoive pas de ces ennuis dont elle est la cause involontaire.

Il faudra pourtant que madame Leloup me

donne de l'argent; son installation chez moi est ruineuse, moins par ses dépenses personnelles que par l'habitude qu'elle a introduite dans la maison.

Encore le pas d'un cheval.

Allons, travaillons; cela me distraira de cette fatigante préoccupation.

Il se remit devant son tableau.

Mais le cheval approchait. Il se leva et courut à la fenêtre. Ce n'est pas lui.

Un quart d'heure après, M. le grainetier, adjoint au maire, arriva sans le cheval. Il sembla à Hugues qu'on débarrassait sa poitrine de cent livres de plomb.

— Hé bien! dit l'adjoint, le vétérinaire pense que la bête est susceptible de guérison; mais il faut la laisser au vert pour le restant de la saison.

A savoir cinq mois. Je voulais percevoir un escompte, parce que je payais au comptant; en payant cinq mois avant de pouvoir jouir de l'animal, il est donc juste que je perçoive un double escompte.

C'est donc déjà cinquante francs à déduire des cinq cents francs convenus.

Vous me devez cent quatre-vingt-sept francs vingt-cinq centimes.

Cinq mois au vert me coûteront, à dix francs par mois, cinquante francs; cinq francs par mois d'eau-de-vie camphrée pour les frictions, vingt-cinq francs.

J'ai déjà donné au vétérinaire, pour sa visite et la prescription du traitement et des soins convenables, deux francs cinquante centimes. Il doit le visiter à la prairie deux fois par semaine, c'est-à-dire huit fois par mois, c'est-à-dire quarante fois dans l'espace de cinq mois; ce qui fait cent francs.

Ce n'est pas trop de compter cinquante francs pour le risque que je cours que le cheval ne guérisse pas.

De plus, Pierre m'a prié de lui avancer vingt francs que vous lui devez pour un mois de gages échu avant-hier.

J'ajouterai un franc que me coûtera le déferrage du cheval pour le mettre au vert.

Reste donc quatorze francs cinq sous que voici.

Je pense que vous ne refuserez pas de me donner la bride, le licol et le bridon, dont vous ne vous servirez plus ; ainsi que la selle qui n'est pas neuve, et qui, d'ailleurs, vous devient inutile.

—Mais, dit Hugues, la selle et la bride m'ont coûté cent francs.

— Je ne vous dis pas le contraire ; mais tout cela n'est pas neuf. D'ailleurs, je ne vous force pas : c'est un marché que je vous propose. Il dépend de vous d'accepter ou de ne pas accepter. Si mon offre ne vous convient pas, je suis prêt à vous rendre votre cheval ; seulement, vous me restituerez vingt francs que j'ai donnés à

Pierre, deux francs cinquante centimes au vétérinaire; et les cent quatre-vingt-sept francs vingt-cinq centimes de mon mémoire.

— Allons, dit Hugues, gardez le cheval, et que je n'en entende plus parler.

— Monsieur, dit l'adjoint, si plus tard vous vous retrouvez avoir un cheval, j'espère que j'aurai encore l'honneur de vous servir.

Hugues regarda fixement l'adjoint; si l'air de son visage avait appuyé ce qu'il croyait voir de goguenard dans ses paroles, il l'aurait assommé. Mais l'autre ajouta d'un ton simple et naturel : Voici votre mémoire acquitté.

Quand il fut parti, Hugues appela Pierre; mais Pierre était allé boire du vin blanc avec l'adjoint.

Il ne vint qu'une demi-heure après.

— Pierre, dit-il, vous avez donc cru que je ne vous paierais pas vos gages?

— Monsieur, j'avais extrêmement besoin d'argent.

— Vous avez oublié que j'ai toujours été bon pour vous, Pierre. Je vous ai pris sans papiers, sans recommandation, parce que vous me disiez mourir de faim; je vous ai bien vêtu, bien nourri, bien payé, jamais maltraité; et, parce que vous me voyez dans un état de gêne, vous vous réunissez à des voleurs qui veulent me dépouiller.

— M. l'adjoint n'est pas un voleur.

— M. l'adjoint est un voleur et vous un mauvais homme et un impertinent. Voici une semaine de vos gages, je ne veux pas que vous soyez ici dans un quart d'heure.

Hugues s'habilla pour aller à Paris. Il se rappelait les deux hommes qu'il avait à payer le lendemain matin. Il prit dans un coffre quelques couverts d'argent pour les vendre; en les prenant, il tremblait de peur que Louise ne l'entendît. Il ne voulait pas lui faire partager ses chagrins. Il mit ce qu'il avait d'argent sur sa commode; puis il emmena Schütz et partit à pied avec lui.

A Paris, il eut beaucoup de peine à vendre les couverts; il n'avait pas pris, pour se faire reconnaître, de papiers qu'exigeait tout marchand honnête homme ou craintif des ordonnances de police.

Il ne put trouver pour acquéreur qu'un juif qui lui vola un tiers de la valeur.

Il apprit de plus par le marchand de tableaux, que le délai allait expirer pour le paiement de la lettre de change de Roch, et qu'il n'y avait pas d'espoir d'en obtenir un nouveau.

Hugues rentra le soir à pied, et arriva à X*** à deux heures du matin.

Il trouva sa femme et sa belle-mère levées encore.

— Ah! dit Louise, je croyais que vous ne reviendriez plus. Du reste, cela ne m'étonnait pas, je m'y attends de jour en jour. Votre conduite envers moi est telle que rien de votre part n'a lieu de me surprendre.

— Louise, dit Hugues, je suis extrêmement fatigué; je n'ai réellement pas la force de disputer.

— Il paraît, dit Louise, que vous vous êtes beaucoup amusé à Paris pour être si fatigué.

Du reste, l'exemple du maître gagne les domestiques; Pierre n'est pas non plus rentré.

— Pierre n'est plus mon domestique, je l'ai chassé ce matin.

— Mais, dit madame Leloup qui, depuis un quart d'heure, épiait une occasion d'entrer dans la conversation, mais comment allons-nous nous arranger? ma pauvre Arthémise ne peut tout faire.

— Madame, dit Hugues, je suis désolé de vous avoir fait veiller si tard; vous devez avoir besoin de repos, et je ne me pardonnerais pas de vous en priver, plus long-temps.

Hugues fut ensuite quatre jours à travailler sans relâche : le cinquième jour, il alla porter son tableau à Paris. La personne qui l'avait commandé était absente; il laissa le tableau en annonçant qu'il reviendrait le lendemain.

Le marchand de tableaux lui rappela que le délai était expiré.

— Je croyais, dit Hugues, toucher de l'argent aujourd'hui; j'en aurai nécessairement d'ici à quelques jours.

Or, le marchand de tableaux était d'autant plus pressant, qu'il avait remboursé la lettre de change, et que c'était lui qui poursuivait Hugues sous le nom du créancier désintéressé. C'est une chose fort usitée, et que vous font très-bien des gens qui se prétendent vos meilleurs amis, auxquels vous avez rendu des services, et qui vous traitent d'ingrat quand vous êtes huit jours sans les aller visiter.

Le marchand de tableaux savait bien que Hugues ne devait pas réellement l'argent; que le vol et l'insolvabilité de Roch étaient deux malheurs qu'il aurait dû partager avec l'étudiant; mais le marchand est si âpre à l'argent en général, que cela semble dégénérer en monomanie qui lui laisse à peine le choix et la responsabilité de ses actes.

Hugues revint huit jours de suite à Paris, sans pouvoir rencontrer l'acquéreur de son tableau. Il était dans le plus complet dénûment, empruntait de petites sommes d'argent à des amis, et laissait cet argent le matin sur la commode de sa femme, sans en réserver rien pour lui.

Il venait à Paris et retournait à X*** à pied, pour épargner les trois francs que lui aurait coûtés la voiture. Le plus souvent, il emmenait Schütz pour se distraire de sa fatigue et de ses ennuis. Schütz était gai et indifférent, bondissant par les chemins et attirant l'attention des voyageurs par sa force et sa beauté.

Le soir, il rentrait tard, à cause de la longueur

de la route et de la fatigue. Il arrivait chez lui à minuit, quelquefois à une heure, à deux heures, n'ayant pas dîné. Il était forcé de réveiller Arthémise pour demander à manger. Arthémise se réveillait de mauvaise grâce, et était à demi impertinente.

Depuis long-temps il ne s'était fait faire ni habits, ni chaussures ; il n'avait plus que des bottes trop étroites pour les dix lieues qu'il avait pour le moins à faire à pied chaque jour.

Un matin, il se réveilla avec les pieds tellement enflés qu'il lui fut impossible de mettre ses bottes.

Ce jour-là, il ne sortit pas.

Au déjeuner, madame Leloup et sa fille ne lui adressèrent pas une seule fois la parole.

Arthémise donnait à boire à ses maîtresses, et attendait pour le servir qu'il eût demandé deux fois, affectant de toujours servir madame Leloup la première.

Schütz était couché auprès de son nouveau maître.

— Il est bien désagréable, dit-elle, d'avoir dans une salle à manger un gros chien qui infecte. Madame de Vanerey a de gros chiens à la campagne; mais on les tient à la chaîne.

Hugues ne répondit qu'en donnant à Schütz un morceau de viande qui restait sur un plat.

— Quelle sotte prodigalité! s'écria madame Leloup.

Louise haussa les épaules.

Arthémise haussa les épaules.

Il n'était pas vrai que Schütz, qui passait sa vie dans l'eau, sentît aucunement mauvais. Hugues aurait pu supporter la seconde sortie de sa belle-mère aussi bien que celle-ci; mais sa patience était épuisée.

— Que vous fait ma prodigalité, dit-il à madame Leloup, si ce n'est pas vous qui en faites les frais ?

— Mais, dit madame Leloup, cela m'arrive quelquefois. Je ne vais pas dire à Rome quand je paie les notes de vos fournisseurs.

— Pourrai-je, dit Hugues, voir les notes que vous avez payées?

Madame Leloup montra une note qu'elle avait effectivement payée la veille; elle se montait à quinze francs et quelques centimes.

Hugues sourit. Il fit signe à Arthémise de sortir; mais celle-ci feignit de ne pas comprendre.

— Oserai-je vous prier, Madame, de dire à ma servante de sortir, quand je lui en donne l'ordre, car il paraît que c'est à vous seule que l'on obéit.

— Sortez, Arthémise, dit madame Leloup, et elle échangea avec la suivante un regard d'intelligence.

— Sont-ce là toutes les notes que vous avez payées pour moi, Madame?

Madame Leloup répondit par un signe affirmatif.

—Serait-ce, ajouta Hugues, abuser de votre bonté que de vous prier de mettre en compensation la dépense que vous avez pu faire chez moi depuis que vous avez jugé à propos de vous y installer.

— Je sais, Monsieur, que vous voudriez me voir loin d'ici.

—Ah! Monsieur, dit Louise, ce procédé est bien peu noble et bien peu délicat.

—Vous voudriez me voir bien loin, continua madame Leloup ; moi seule sers d'appui et de consolation à ma malheureuse fille que vous avez probablement juré à vos maîtresses de faire mourir de douleur.

Louise se prit à pleurer.

—N'est-ce donc pas assez, Monsieur, d'amener des femmes jusqu'au bout du jardin, et croyez-vous que j'ignore.... que nous ignorions vos rendez-vous avec la femme de Jacques.

— Ah! c'est cela, dit Hugues, et il laissa continuer la belle-mère dont la sortie véhémente lui donnait l'occasion d'arriver à un point qui l'embarrassait.

—C'est probablement pour donner à souper à vos maîtresses de Paris, que vous avez enlevé clandestinement l'argenterie de ma fille.

— Madame, dit Hugues, il n'y a rien qui doive s'appeler l'argenterie de votre fille; ce qui est ici est à moi, j'en dispose comme bon me semble.

J'ai vendu quelques uns de *mes* couverts pour parer à un besoin d'argent très-pressant; je ne répondrai pas aux absurdités dont vous avez fait précéder cette dernière, je profite de l'utile transition que vous m'avez fournie pour m'expliquer une bonne fois avec vous.

En me trompant dans le contrat de mariage comme vous l'avez fait, vous m'avez imposé des charges dont la prétendue fortune de votre fille devait être la compensation.

Cette dot, toute restreinte qu'elle s'est trouvée quand l'échafaudage de vos mensonges à écroulé, a été, par une défiance injurieuse, placée de telle manière que je n'en puis disposer. Vous devez, jusqu'à la vente de vos propriétés, me payer une rente que je n'ai jamais reçue; ceci peut expliquer suffisamment un embarras d'argent dont je parle aujourd'hui pour la première fois. Joignez à cela un vol dont j'ai été victime, et vous comprendrez comment je me trouve en ce moment dans une position très-cruelle.

— C'est me dire que je vous suis à charge, interrompit Louise; il ne me manquait plus que ce dernier malheur.

— Je ne vous reproche rien, chère enfant, dit Hugues; si j'ai eu quelquefois à me plaindre de vous, je l'attribue à une influence étrangère.

— Ma mère ne m'a jamais dit un mot contre vous.

— Je sais que depuis un avis assez formel que j'ai donné à madame votre mère, elle n'a plus fait de commentaires parlés sur les lettres que je reçois; mais je l'ai vue, quand on m'en apportait, lever les yeux au ciel et vous serrer dans ses bras. Ce n'est pas de cela que je veux parler.

Voici ma position : par suite du vol dont je viens de vous parler, je suis poursuivi pour le paiement d'une lettre de change ; si je n'ai pas payé d'ici à quelques jours, je serai arrêté et mis en prison.

Louise fut peut-être un peu émue, mais sa mère ajouta : Ce sera, Monsieur, un résultat naturel de votre belle conduite.

Louise alors redevint impassible.

— Ce sera, reprit Hugues, le résultat du vol que l'on m'a fait, et de vos mensonges à vous.

Vous me devez une petite somme chaque mois : elle s'est accumulée depuis le mariage ; chaque mois vient encore l'augmenter; je pourrais en exiger le paiement immédiat.

— Quoi! s'écria Louise, voulez-vous donc

faire un procès à ma mère... quelle horreur!

— Nullement; que madame votre mère s'engage par un billet à me payer les sommes qu'elle me doit et qu'elle me devra chaque mois à l'époque qu'elle fixera elle-même; j'ai trouvé un homme auquel je passerai ce billet, et qui me donnera tout l'argent dont j'ai besoin pour sortir d'embarras.

Madame Leloup réfléchit un moment, et dit : Je ne ferai pas de billet, je n'ai pas envie de m'exposer à des poursuites et à des désagrémens.

— Mais songez, dit Hugues, que je ne vous demande pas une complaisance, mais une chose que je puis exiger.

— Quelle infamie! dit Louise; menacer ma mère d'un procès!

— C'est précisément parce que je ne veux pas faire un procès à votre mère que je lui demande de me souscrire un billet qui tirera vous et moi d'embarras.

—Mais ma mère ne peut s'exposer pour moi à des poursuites et à des chagrins.

— Après que je me suis dépouillée de tout! dit en pleurant madame Leloup.

— J'ai déjà eu occasion, reprit Hugues, de vous faire remarquer que vous ne vous êtes dépouillée de rien; pas même de ce qui ne vous appartient pas; je dirai même que votre séjour chez moi a dû vous donner l'occasion de faire des économies.

— Vous me reprochez les quelques dîners que j'ai pris chez ma fille!

—Mon Dieu! dit Louise, que je suis malheureuse!

— Vous n'êtes nullement malheureuse, ma chère enfant, vous avez un mari qui vous aime, et fera tout pour vous le prouver.

Il prit la main de Louise, mais elle la retira.

Hugues se leva.

— Écoutez-moi bien toutes deux : Si madame Leloup ne fait pas ce que je lui demande, d'ici à huit jours, je serai en prison.

Il se retira dans son atelier.

— Funeste mariage! dit madame Leloup, te voilà ruinée, pauvre enfant! mais je ne ferai pas ce que me demande ton mari; je te garderai le peu que je possède. Je ne t'abandonnerai pas, moi !

— Pauvre mère! dit Louise, nous sommes bien malheureuses.

En arrivant à Paris, Hugues aperçut à la fois sur le boulevard — et le marchand de tableaux et l'ami qui lui avait écrit quelque temps auparavant pour qu'il lui prêtât cinq cents francs.

Hugues s'empressa d'aller à sa rencontre, autant pour lui donner une explication, que pour éviter le marchand de tableaux.

Émile était entre deux de ses amis que Hugues ne connaissait pas; quand celui-ci tendit la main à Émile, Émile ne tendit pas la sienne, et lui dit : — Je ne pense pas que vous me croyiez encore votre ami.

— Si tu n'es plus mon ami, reprit Hugues en retirant sa main, ce sera tant pis pour toi, attendu que tu n'en trouveras pas facilement un meilleur.

— Je crois que vous me plaisantez, dit Émile.

— Nullement.

— Tant mieux pour vous alors, car j'aurais profité de cette circonstance pour vous châtier.

— Je regrette, puisque vous le prenez ainsi, de ne pas vous avoir plaisanté, et vous m'obligerez de prendre ce que je vous ai dit le plus mal qu'il vous sera possible.

— Sans tant louvoyer, je vous dirai franchement que je serai enchanté de tirer l'épée avec vous.

— Cela se trouve d'autant mieux, que je suis précisément dans cette disposition d'esprit où l'on est enchanté de tirer l'épée avec n'importe qui.

— Ces messieurs me serviront de témoins Le bois de Vincennes vous convient-il ?

— A merveille.

— A demain donc, au rendez-vous de chasse.

— A demain.

Hugues se retourna et heurta le marchand de tableaux qu'il avait voulu éviter, ce qui lui valait un duel pour le lendemain.

Il savait parfaitement d'avance ce que le marchand de tableaux allait lui dire : Le délai était expiré, il faudrait payer, etc.

Hugues retomba dans ses erremens, et se rappela les scènes de Molière entre don Juan et M. Dimanche.

Hugues, comme cela devait être avec le caractère qu'il a déjà déployé, Hygues croyait que la comédie était le *miroir de la société*.

Les gens plus forts doivent savoir que, dans les cas assez rares où la comédie et la société ont quelque affinité, c'est au contraire la société qui devient le miroir de la comédie.

Boileau a dit :

<blockquote>Le Français, né malin, créa le vaudeville.</blockquote>

Sans examiner si le Français a éprouvé le malheur des enfans précoces de changer en grandissant.

Nous affirmerons hardiment que c'est au contraire le Vaudeville qui a créé le Français.

Hugues commença donc à éluder le marchand de tableaux.

— Hé! bonjour, lui dit-il, je suis charmé de vous rencontrer, j'allais chez vous.

— Probablement, dit l'autre, pour.....

— Comment vous portez-vous ce matin?

— Bien. Avez-vous.....

— Je vous trouve cependant l'air un peu fatigué; le temps est frais, il faudrait ne sortir qu'après le soleil levé.

— Et la.....

— Je suis très-pressé, je cours à un rendez-vous.

— Mais cependant il faudrait...

— Je suis prodigieusement en retard.....

Le marchand de tableaux donnait médiocrement la réplique. Cependant, Hugues essaya de s'échapper de ses mains en lui disant : — Adieu, adieu ; portez-vous bien.

— Ah! ça, dit le marchand de tableaux en le retenant, est-ce que vous vous moquez de moi? Où en sommes-nous de la lettre de change?

— Je vais chercher de l'argent.

— Que vous en ayez ou non, passez toujours chez moi me rendre réponse.

Ah! disait Hugues en allant chez l'acquéreur de son tableau, Molière m'a trompé.

On lui donna un à-compte de trois cents francs en lui promettant le reste un mois plus tard.

Comme il faisait part de cette solution au marchand de tableaux, celui-ci lui dit : — Je vous *conseille* de porter ces trois cents francs à l'huissier, cela vous fera probablement accorder un nouveau délai.

— Non, dit Hugues, je viendrai demain le prier d'attendre jusqu'à la fin du mois; cette petite somme m'est indispensable pour les dépenses de ma maison.

— Vous avez tort de ne pas suivre mon conseil; il vous en arrivera quelque désagrément.

— Ce n'est pas bien long d'attendre jusqu'à la fin du mois, et je vous répète que je ne puis me passer de ces cent écus.

— Ne vous en prenez qu'à vous de ce qui peut arriver.

— Ce qui arrivera arrivera.

— Vous avez tort de prendre cela aussi légèrement.

— Et vous de le prendre aussi opiniâtrément; je consens à payer : vous devriez m'en savoir meilleur gré que vous ne le faites.

— Vous êtes premier endosseur, la loi est formelle.

—Mais vous savez comment je me trouve premier endosseur, et votre probité aurait dû vous porter à payer au moins la moitié du billet. Rappelez-vous les circonstances et vous verrez que ma prétention n'a rien d'exagéré.

— Je vous parle dans votre intérêt.

— Et moi dans celui de votre probité.

— Vous êtes décidé à ne pas donner ces trois cents francs.

— Oui.

— Hé bien! nous verrons.

— Mais, dirent à Émile ses deux témoins, quelles sont les causes et l'origine de votre querelle?

— Les voici : nous sommes de très-anciens camarades. Il y a quelques mois, forcé de faire un voyage, je lui écrivis pour le prier de payer pour moi un billet de cinq cents francs; or, vous saurez que, par suite d'un mariage qu'il a fait, Hugues a aujourd'hui plus de trente mille livres de rente.

Non seulement il n'a pas payé mon billet, mais il n'a fait aucune démarche et m'a laissé faire trois cents francs de frais.

— Le sujet de votre querelle est fort léger, dirent les témoins à Hugues; une simple explication de votre part suffirait pour tout finir.

— Quand j'ai abordé hier Émile, c'était dans l'intention de lui donner une explication franche et amicale; vous avez vu comme il m'a accueilli. C'est moi qui suis aujourd'hui le *demandeur*, et je demande des excuses.

— Battons-nous donc, dit Émile.

— Battons-nous, dit Hugues.

— Vous êtes d'accord pour l'épée, cherchons un terrain convenable.

— Marchons, dit Émile.

— Je crie moins fort; mais je marche plus vite.

— Oui, vous courez devant; un peu plus vite ce serait se sauver.

— Pas si imprudent, vous ne me suivriez pas.

Hugues était persuadé, d'après mille exemples imprimés, que, dans un duel *jugement de Dieu*, le bon droit doit triompher.

Que le courage supplée à l'adresse.

Que, dans tous les régimens, il y a une tradition qui raconte comment un conscrit tua un maître d'armes.

Que David tua Goliath.

Que Stephen tua Édouard.

Que l'Éternel est le *Dieu des combats*.

Il reçut un coup d'épée dans le bras et retourna chez lui, où le médecin le fit mettre au lit et lui prescrivit le repos le plus absolu.

— Ce n'est jamais pour une honnête femme que l'on se fait donner des coups d'épée, disait madame Leloup; et, comme dit mon amie, madame la comtesse de Vancrey, on ne se bat que pour les femmes qui n'en valent pas la peine.

— Je vous soignerai parce que c'est mon devoir, dit Louise. A chacune sa part : vous vous battez pour vos maîtresses, et vous venez vous faire soigner par votre femme.

— C'est égal, ma fille, c'est se venger noblement.

— Au nom du Ciel, cria Hugues, sortez toutes deux de ma chambre et laissez-moi tranquille.

— N'importe, dit madame Leloup, tu auras fait ton devoir.

— Malédiction! dit Hugues quand il fut seul; mon *ami* n'a pu réussir à me tuer, mais je crois que ma femme sera plus adroite.

L E matin, le soleil glissa ses premiers rayons à travers les persiennes de la chambre de Hugues, et colora de rose la mousseline de ses rideaux; le sommeil avait rafraîchi son sang, mais son bras le faisait beaucoup souffrir.

La camériste Arthémise entra.

— *Un Monsieur* demande à vous parler.

— Dites que je suis malade.

Mais *le Monsieur* avait suivi Arthémise et était entré derrière elle.

Arthémise se retira.

C'était un homme grand et fort vêtu d'une redingotte blanche.

— M. Hugues?

— C'est moi, Monsieur; je suis très-souffrant et ne puis recevoir personne.

— Veuillez m'excuser, je viens au sujet de votre petite affaire avec M. Lorot.

— Avec M. Lorot?

— Oui, une lettre de change, tirée par vous sur un M. Roch, passée à l'ordre de M. Lebon, marchand de tableaux, pour laquelle, faute de paiement, un premier jugement a été obtenu contre vous par défaut, puis un jugement en débouté d'opposition, ayant force de jugement définitif.

— Je suis malade, au lit; j'espère me lever dans quelques jours : j'irai voir M. Lorot.

— Est-ce que vous ne pourriez pas payer cette petite affaire?

— Non, pas à présent, mais à la fin du mois.

— Monsieur Lorot ne veut plus attendre; voyons, exécutez-vous, payez : il faut toujours finir par là.

— Je vous dis que je ne le puis.

— Vous me désolez.

— Vous prenez la chose bien à cœur.

— Je vous le conseille, réellement, payez.

— Le médecin m'a prescrit le repos, et m'a défendu de parler. Dites, je vous prie, à M. Lorot que, d'ici à trois ou quatre jours, j'irai le voir et m'arranger avec lui.

— Le seul arrangement possible serait de l'argent.

— Je n'en ai pas.

— Alors levez-vous et suivez-moi.

— Pourquoi cela.

— Je suis garde-du-commerce, chargé de vous arrêter et de vous écrouer à la prison pour dettes de la rue de Clichy, autrefois Sainte-Pélagie.

— Que ne le disiez-vous tout de suite.

A ce moment se présentèrent à la porte de la chambre deux figures peu agréables.

L'un entra entièrement, il avait, en plein mois de mai, une redingote de castorine brune; joignez à cela un chapeau gris, sale et gras outre mesure, un pantalon bleu encore chargé de la crotte de l'hiver précédent, et des bottes huilées, des yeux gris, et d'énormes favoris noirs; le second ne montrait que la tête, il ne portait qu'un œil, et un collier de favori roux.

— Ce sont mes hommes, dit M. A***.

— Faites les retirer, si vous voulez, je ne puis ni ne veux opposer la moindre résistance.

— Attendez-moi dehors.

— Ah ça, écoutez, ajouta le garde du commerce, si vous êtes trop malade, pour vous lever, je laisserai un de mes hommes de planton auprès de vous, et je reviendrai vous chercher.

— Merci, je m'habillerai avec votre secours, et nous partirons.

— Comme vous voudrez, mais j'espère que vous n'entrerez pas à la rue de Clichy : vous avez des débiteurs, des amis, je vous menerai partout où vous voudrez.

— Non, j'irai tout droit à la prison.

— J'espère vous faire changer d'avis en route.

— Aidez-moi à passer mon habit.

— Volontiers.

— Comment ferons-nous la route ?

— J'ai un fiacre en bas.

— Très-bien. Pourra-t-il aller un peu doucement, à cause de mon bras.

— Il ira comme vous voudrez — il est à l'heure et à vos frais.

— Ma foi, vous excuserez le costume, mais je ne puis passer cette manche.

— Ne vous gênez pas.

— Puis-je entrer chez ma femme?

— Il faudrait que je fusse sûr que vous en sortirez par la même porte où je vous attendrai.

— Je ne suis guère propre à la gymnastique.

— Écoutez, vous me paraissez un homme charmant; jamais je n'ai arrêté personne qui s'y soit prêté de meilleure grâce....

— Vous me paraissez également un galant homme : je doute qu'on puisse être arrêté avec plus d'agrément.

— Je vais vous donner une preuve de confiance entièrement inusitée : je vous donne rendez-vous dans cinq minutes au bout de l'avenue.

— J'y serai dans quatre.

— Je m'en vais; au revoir.

Hugues entra chez sa femme, il avait quinze pièces de vingt francs, il en mit huit sur la commode et dit : Comme je vous en avais prévenu, je suis arrêté et je vais en prison. Adieu.

Puis il sortit et ferma la porte sans lui donner le temps de répondre.

— On ne peut être plus exact, dit M. A***.

— L'exactitude est chez les captifs une politesse forcée.

M. A*** le fit monter dans le fiacre. Hugues voulait qu'il passât le premier.

— Je vous dirai à mon tour : c'est une politesse forcée ; je ne puis vous laisser derrière moi. De même qu'une fois arrivé, il faudra que je descende devant vous, de quoi, je vous prie d'avance de m'excuser.

Hugues et M. A*** se placèrent au fond de la voiture, deux recors sur le devant, un troisième sur le siége, et le fiacre se mit en route pour Paris.

endant le voyage, M. A*** disserta sur une pièce nouvelle qui venait d'avoir quelque succès, sur le ministère et le dernier vote de la chambre des députés; il raconta quelques anec-

dotes sur une actrice en réputation; récita une élégie et une fable de sa composition.

Quand on approcha de la rue de Clichy, il dit à son prisonnier :

— Ah ça, sérieusement, chez quel ami voulez-vous que je vous conduise ?

— Chez personne.

— Ah! bah! vous ne pouvez pas aller en prison pour une somme aussi modique.

— Vous savez, mon cher M. A***, que je suis blessé, le voyage m'a beaucoup fatigué, et, en prison où ailleurs, j'ai besoin de me reposer.

— Je suis réellement fâché d'avoir à vous écrouer; êtes-vous bien décidé?

— Oui !

— Cocher! rue de Clichy. La fable que je viens de vous réciter fut insérée, il y a deux ans, dans l'almanach des Muses, où elle fit quelque sensation. J'étais né pour la poésie, mais les circonstances ont, comme vous voyez, singulièrement dérangé ma vocation.

Il était tard quand on arriva à la prison, le greffier prit le nom du prisonnier, et on le conduisit à une chambre fort propre, meublée d'un lit, d'une table, d'une armoire et de deux chaises.

Hugues, harassé de fatigue, s'endormit, à peine déshabillé, pour ne se réveiller que le lendemain au grand jour.

Il y avait un mois au moins qu'il n'avait goûté un sommeil aussi profond; d'ailleurs, pour cette fois, rien ne l'obligeait à se lever de bonne heure : il n'avait pas de course fatigante à faire à Paris, pas d'ordres à donner aux domestiques, pas de querelles à soutenir contre sa femme ou sa belle-mère.

Il se retourna et se rendormit, mais de ce sommeil léger, où le corps seul dort, tandis que l'esprit éveillé, joue et vagabonne sans que rien le retienne, que la crainte de réveiller le corps; de ce sommeil, avec la conscience du sommeil, qui est une des plus grandes jouissances que la nature ait faites à l'homme.

Deux heures après, il fut réveillé par la voix d'un gros garçon aux joues roses, qui lui demanda s'il n'avait pas d'ordres à lui donner; le garçon rapportait les habits brossés et les bottes cirées.

— Monsieur veut-il le coiffeur?

Hugues n'avait jamais été si bien servi, depuis qu'il était au monde.

— Pourrait-on avoir un bain?

— Pour quelle heure?

— Le plus tôt possible.

— Monsieur sera servi dans un quart d'heure.

Au bout d'un quart d'heure on apporta le bain. Au sortir du bain, Hugues se remit au lit, puis on vint le raser.

— Voulez-vous être frisé?

Hugues se fit friser pour la première fois de sa vie.

— Que faire ici?... Si j'avais des livres?

— Monsieur n'a qu'à indiquer ceux qu'il désire : il y a ici un cabinet de lecture, je vais les lui aller chercher.

Monsieur voudra bien désigner les personnes qu'il désire recevoir ; ce n'est que sur la liste donnée au greffe par Monsieur, que les *laissez-passer* seront délivrés.

— Je peux recevoir qui je veux ?

— Oui, Monsieur.

— Et personne ne peut me venir voir sans ma permission ?

— Non, Monsieur.

— Pas même ma belle-mère, ni ma femme ?

— Non, Monsieur.

— Hé bien ! je ne donnerai aucune liste, je ne veux voir personne.

— Il fait un temps magnifique : Monsieur devrait aller faire un tour de jardin, pendant que je nettoierai sa chambre.

— Comment! un tour de jardin : est-ce que je puis sortir de ma chambre? est-ce qu'il y a un jardin?

— Et un fort beau.

— Où je puis aller?

— Tant qu'il vous plaira.

— Mais c'est un paradis que cette maison!

— Monsieur veut-il que je lui monte à déjeuner.

— Comment mange-t-on ici?

— Comme ailleurs, il y a un restaurant à la carte.

— Ah! parbleu, depuis que je suis marié, on n'a jamais voulu me faire manger de sauër-craüt, comme j'en mangeais chez maître Kreisherer, vous me monterez de la sauër-craüt.

On monta à Hugues d'excellente sauër-craüt.

— Monsieur n'oubliera pas d'aller recevoir son prêt au greffe.

— Qu'est-ce que mon prêt?

— C'est une somme que le créancier de Monsieur est obligé de lui fournir chaque semaine, pour ses alimens.

Ah ça, pensa Hugues, je suis ici nourri, logé gratuitement; j'ai un grand jardin pour me promener, je puis recevoir qui je veux, être entièrement à l'abri des gens qui me déplaisent, on n'a pas besoin de s'habiller, pas besoin de travailler, on n'a ni souci, ni tracas, on se lève quand on veut, on dort quand cela semble agréable; mais que peut-on demander de plus dans la vie, et n'est-ce pas précisément là le but des travaux, des veilles, des efforts de tous les hommes? être ici, c'est avoir 4000 fr. de rente; pourquoi ne m'a-t-on pas mis ici plus tôt? Pourvu que l'on m'y laisse long-temps.

Et, dans sa joie, il se mit à chanter tous les

airs qu'il savait, et malheureusement aussi quelques uns qu'il ne savait pas.

Il y avait alors dans la prison — je ne sais s'il a subsisté — un usage fort remarquable et plein d'humanité; quand il arrivait un nouveau prisonnier, les plus anciens allaient en députation lui faire une visite, le consoler, le mettre au fait des habitudes de la prison, des distractions qu'on y pouvait rencontrer et l'inviter à un dîner qui devait achever de l'égayer et de lui raffermir l'esprit.

La députation arriva donc jusqu'à la porte de Hugues, mais les membres qui la composaient l'entendirent chanter de si grand cœur, qu'ils jugèrent que leur nouveau compagnon n'avait pas un besoin urgent de consolations, et qu'il suffirait de l'inviter à dîner lorsqu'il paraîtrait au jardin où un temps magnifique réunissait tous les prisonniers.

Hugues fut enchanté, en voyant au milieu d'un immense jardin sablé, de grands sycomores et des acacias sous lesquels on avait construit des bancs de gazon. Dans d'autres parties étaient des plates-bandes remplies de fleurs que les prisonniers cultivaient eux-mêmes.

Entre les prisonniers, les uns lisaient à l'ombre des acacias, les autres se promenaient en causant soit entre eux, soit avec des amis, hommes et femmes, du dehors. Beaucoup jouaient aux boules et aux quilles.

Hugues accepta l'invitation qui lui avait été faite ; son nom le fit reconnaître pour un jeune artiste de quelque talent : il fut reçu à bras ouverts.

Vers neuf heures on sonna la retraite. Lorsque Hugues fut dans sa chambre, il entendit une musique vive et entraînante : c'était la musique des danses de Tivoli, dont la prison n'est séparée que par un mur mitoyen. A dix heures on tira le feu d'artifice, de grandes gerbes de feu s'élancèrent à travers les arbres.

Hugues s'endormit.

Cinq jours se passèrent ainsi. Hugues avait

fait acheter le linge dont il avait besoin; il avait rendu le dîner aux anciens prisonniers.

Au bout de cinq jours, il trouva singulier de n'avoir reçu aucunes nouvelles de sa femme.

Le sixième, il vit dans son silence une grande sécheresse de cœur.

Le septième, il se promit de ne jamais la revoir.

Le huitième, arriva l'oncle Jean.

L'oncle Jean était allé par hasard à X***.

— Vous venez voir votre neveu, avait dit madame Leloup; il met en ce moment le comble à sa jolie conduite : il a laissé ici sa femme, seule, abandonnée, sans argent, sans protection.

L'oncle avait demandé à voir Louise.

— Vous le voyez, dit Louise, il m'a abandonnée.

— Mais où est-il?

— A la prison pour dettes.

L'oncle Jean avait senti se dresser sur sa tête tout son peu de cheveux.

— Il a donc été arrêté?

— Il y a six jours.

— Et vous dites qu'il vous a abandonnée?

— Certainement.

— Mais ce n'est pas volontairement.

— Il n'avait qu'à ne pas se mettre dans le cas de se faire emprisonner.

— L'avez-vous vu? demanda l'oncle Jean.

— Non. Je ne sais pas si cela lui ferait plaisir.

— Lui avez-vous écrit?

— Je ne sais pas s'il désire mes lettres.

— N'êtes-vous donc pas sa femme?

— Oui, dit-elle, et c'est là mon malheur.

— Il a, dit madame Leloup, plus de quarante mille francs de dettes.

— Vraiment! dit l'oncle Jean; mais vous m'étonnez beaucoup.

— C'est cependant la vérité, dit madame Leloup. La fortune de ma fille et la mienne sont compromises; ma pauvre Louise est ruinée.

L'oncle Jean accourut tout effrayé; ce ne fut qu'avec peine qu'on le laissa pénétrer près de son neveu : il y avait à remplir, pour être admis, certaines formalités que son empressement lui avait fait négliger.

Il prit en entrant un visage de circonstance; Hugues se prit à rire. — Hé! qu'avez-vous, cher oncle? lui dit-il; prétendez-vous attrister notre prison? Regardez autour de vous, et vous ne verrez pas une seule figure aussi triste que la vôtre, à vous qui, seul entre tous, jouissez de *l'inappréciable bienfait* de la liberté. Voulez-vous faire une partie de boule ou de bouchon? J'espère, cher oncle, que vous me ferez l'amitié de dîner avec moi; vous aurez ici meilleure et plus cordiale réception que je n'ai pu vous la faire la dernière fois que vous avez dîné chez moi à X***.

L'oncle regardait son neveu avec un grand étonnement : jamais il ne l'avait vu si gai, jamais il ne lui avait vu le teint aussi frais et aussi reposé, du moins depuis son mariage.

Il prit Hugues à part et lui dit :

— Tu ne peux rester ici. Je viens te voir pour aviser avec toi aux moyens de te faire sortir.

— Ma foi, cher oncle, si vous le voulez bien, nous n'en parlerons pas aujourd'hui; depuis bien long-temps je n'ai pas joui d'une paix égale à celle que je goûte entre ces hautes murailles qui, me séparant du reste du monde, semblent plus me défendre que m'enfermer. J'étais si malheureux depuis long-temps, si accablé quand on m'a amené ici, que je suis aujourd'hui le plus heureux des hommes, des tracas que je n'ai point.

— Mais, mon pauvre neveu, dit l'oncle Jean,

comment se fait-il qu'en si peu de temps tu aies pu dévorer la fortune de ta femme? A quoi donc faisais-tu passer l'argent? Est-ce que tu jouais?

— Dites-moi, mon oncle, est-ce l'influence de la prison qui vous fait ainsi divaguer?

— Je ne divague point. Ta femme n'est-elle point ruinée?

— Mais, cher oncle, je n'ai jamais ni reçu ni dépensé un sou du bien de ma femme.

— Bien vrai.

— Sur l'honneur!

— C'est un grand souci de moins. Alors tu n'es que malheureux, et on n'aura pas de reproches à te faire. Il ne reste plus que tes affaires personnelles à arranger; mais la somme est énorme.

— Mais non, mon oncle.

— Comment non. Cela vous est bien facile à dire, à vous autres jeunes gens, qui croyez que l'argent pousse comme des champignons. Mais moi, qui ai passé vingt ans en Amérique sans pouvoir en rapporter un sou, je sais combien il est rare.

— Mais, mon oncle, on me doit plus que la somme qui m'a fait renfermer ici.

— Comment! plus de quarante mille francs!

— Mais non, je suis ici pour neuf cent soixante francs.

— Les autres créanciers ne t'ont donc pas recommandé?

— Comment, les autres créanciers?

— A moins que ce ne soit qu'un seul, auquel tu doives les trente-neuf autres mille francs.

— Quels trente-neuf mille francs?

— Ce reste des quarante mille francs que tu dois.

— Qui? moi, quarante mille francs!

— C'est ta belle-mère qui me l'a dit.

— Ma belle-mère est une flatteuse, je n'ai jamais eu assez de crédit pour cela.

— Et tu ne dois que neuf cent soixante francs?

— Pas un sou de plus.

— Mais alors, c'est une bagatelle.

— Comme je vous le disais, cher oncle.

— Ah ça! tu n'as pas reçu de nouvelles de ta femme?

— Non.

— C'est singulier! pas une lettre? Elle n'a pas demandé à te voir?

— Rien.

— Elle me l'avait dit, et je ne voulais pas le croire. Quel effet cela te fait-il?

— Elle n'a pas de cœur. Mais, cher oncle, venez dîner.

Hugues appela deux ou trois prisonniers qu'il présenta à son oncle, et on alla se mettre à table où on servit un dîner fort complet. Les plus joyeux propos furent échangés, ainsi que les contes les plus gais. L'oncle Jean se laissa entraîner par la gaîté de ses convives et raconta ses voyages.

Après le dîner, l'oncle et le neveu se promenèrent dans le jardin en fumant.

— Il faudra, cher oncle, que vous alliez demain à X***.

— Certainement, et je ferai comprendre à ta femme.....

— Vous lui ferez comprendre que j'ai besoin de linge. Vous m'apporterez des chemises, des mouchoirs, des bas, etc.

— Mais tu ne veux donc pas sortir d'ici ?

— Pas encore, cher oncle; et, en tous cas, je je n'en veux pas sortir par le secours de ma femme.

— Mais c'est son devoir de te tirer d'ici.

— Je lui en fais grâce.

— Si elle l'offrait d'elle-même ?

— C'est-à-dire que vous voulez la forcer d'agir volontairement; il n'est plus temps : une femme de dix-neuf ans qui voit son mari malade entraîné en prison sans se jeter entre lui et ceux qui l'emmènent, qui ne le suit pas, qui laisse passer cinq jours sans le voir, sans lui écrire, cette femme-là n'a pas de cœur, et je la remercie de tout ce qu'à l'avenir elle fera et ne fera pas. Qui pourra me confirmer à moi-même le droit que je crois avoir de reprendre ma liberté ?

Promettez-moi donc, cher oncle, et promettez-le-moi à la fois sur l'honneur et par l'amitié que vous me portez, que vous ne lui direz pas un seul mot à ce sujet.

L'oncle promit.

C'est singulier, disait l'oncle Jean en rentrant chez lui, j'ai ri, et de bon cœur, tout le jour, et je ressens une tristesse indicible.

L'oncle Jean n'avait pas compris ce que c'est que cette gaîté convulsive de la prison, cette gaîté dont on est brisé le soir, dont on pleure quand on est seul.

Le lendemain, il arriva à X*** de bonne heure; il ne comprenait pas l'indifférence de Louise sur le sort de son mari, d'un mari qu'elle avait épousé par amour; et, en effet, elle était assez difficile à comprendre. J'en serais pour ma part fort embarrassé si j'écrivais un roman. Elle ne peut guère s'expliquer que par les idées que madame Leloup avait fait germer dans sa tête et dans son cœur. Elle croyait son mari ruiné sans ressources, et hors d'état de pouvoir jamais lui offrir une situation honorable; elle le croyait ruiné par des femmes pour lesquelles il avait fait *plus* de quarante mille francs de dettes; elle se considérait, sur la foi de sa mère, comme une jeune femme intéressante ruinée et abandonnée par un mari indigne d'elle.

L'oncle Jean regarda Louise en disant : J'ai vu mon neveu. Mais son visage ne trahit aucune émotion.

Il crut du moins la piquer en ajoutant : Il m'a chargé de lui apporter du linge. Il pensait que Louise dirait : Ne vous a-t-il donc chargé que de cela? n'a-t-il rien dit pour moi?

Elle ne fit qu'échanger un regard avec sa mère; ce regard était presque triomphant; il voulait dire : Je suis bien la jeune femme intéressante ruinée et abandonnée par un époux indigne d'elle.

L'oncle Jean avait fait à son neveu la promesse solennelle de ne rien dire à Louise pour l'engager à le tirer de prison ; mais il ne put s'empêcher d'éluder un peu son serment.

— Du reste, dit-il, il n'est arrêté que pour neuf cent soixante francs.

Madame Leloup fit un signe d'incrédulité. Louise fit donner le linge qui se trouvait prêt.

L'oncle Jean cependant examinait des bijoux qui couvraient une table.

— Voilà une jolie montre, chère nièce, dit-il ; et les brillans qui l'entourent doivent avoir une certaine valeur.

Louise ne répondit rien.

Madame Leloup prit la parole.

— Après le scandale de l'arrestation de M. Hugues, nous ne pouvons rester dans ce pays où l'on nous montre au doigt. Mon Dieu !

dit-elle, qui aurait dit que j'en serais un jour réduite là, pour avoir tout sacrifié au mari de ma fille!

L'oncle Jean faillit lui demander quels étaient ces prétendus sacrifices; mais il voulait éviter de choquer Louise en embarrassant sa mère.

Celle-ci continua :

— Vous voudrez bien demander à votre neveu l'autorisation de vendre quelques meubles qui seraient inutiles et embarrassans à Paris, et qui serviront à payer les dettes qu'il a faites ici.

Un homme de trente ans entra en ce moment : c'était un voisin. Il était petit, important, et portait des lunettes. Madame Leloup parut le voir avec plaisir.

— Hé bien! dit-il, quelles nouvelles?

— Il n'a pas même écrit à sa femme.

— C'est prodigieux.

Ici l'oncle Jean regarda l'inconnu d'un air

si surpris, si mécontent, que le voisin en fut un moment décontenancé et se tut.

Cependant il ne tarda pas à se remettre, et demanda à Louise des nouvelles de sa santé.

Celle-ci, d'un air dolent et résigné, tout-à-fait convenable au rôle qu'elle jouait à son insu, répondit qu'elle était fort souffrante.

Le voisin et madame Leloup échangèrent un regard de commisération.

—Monsieur, dit madame Leloup en désignant l'oncle Jean, Monsieur est l'oncle du mari de ma fille.

Le voisin salua d'un air dédaigneux qui disait le plus clairement du monde : Je ne vous en fais pas mon compliment.

—Et Monsieur, ajouta-t-elle en désignant le voisin, est avocat, mon conseil et celui de ma fille.

L'oncle Jean rendit le salut d'un air moitié méprisant, moitié menaçant, qui signifiait non.

moins évidemment : Si mon neveu était ici, il jetterait Monsieur par la fenêtre, et je remplacerais volontiers mon neveu.

La présence de cet étranger gênait l'oncle Jean, en cela qu'elle l'empêchait de renouveler ses tentatives indirectes auprès de Louise. Cependant il lui vint une idée; il feuilleta un livre et le plaça tout ouvert devant Louise.

— Avez-vous, dit le voisin à madame Leloup, demandé l'autorisation dont je vous ai parlé?

— J'ai prié Monsieur de la demander à son neveu.

— Lui avez-vous fait part également de ma proposition relativement au chien?

— Non, mais vous m'y faites penser.

Monsieur, dit-elle à l'oncle, Monsieur veut acheter cet énorme chien qu'il a plu à M. Hugues d'amener ici; il en offre deux cents francs. Certes, je n'ai pas hésité à profiter de cette bonne intention, mais Monsieur prétend qu'il ne peut prendre possession de l'animal sans un consentement écrit de votre neveu, je vous serai obligé de le lui demander.

Le livre que l'oncle Jean avait placé sous les yeux de Louise était un code, et il était ouvert à cet endroit.

Art. 1567. — L'immeuble dotal peut être aliéné avec permission de justice, et aux enchères, après trois affiches, pour tirer de prison le mari ou la femme.

Louise ferma le livre sans rien dire.

L'oncle Jean se leva et partit.

— Mon neveu, dit-il à Hugues, tu as raison, ta femme n'a pas de cœur; j'ai presque manqué à la promesse que je t'avais faite, je lui ai fait comprendre à plusieurs reprises qu'elle avait divers moyens de te tirer de prison; je ne te donnerai aucun détail, mais je n'ai jamais vu de cœur aussi sec.

— N'en parlons plus, dit Hugues. Maintenant, cher oncle, je vous avouerai que je commence à étouffer ici, et que nous allons aviser aux moyens d'en sortir.

— La loi te donne un droit : quoique marié sous le régime dotal qui rend le bien de ta femme inaliénable, elle fait une exception pour le cas où l'un des deux conjoints se trouve en prison.

— C'est un droit dont je n'userai pas. Demain je vous donnerai des lettres pour recevoir de l'argent qui m'est dû.

L'oncle communiqua à son neveu les commissions dont on l'avait chargé pour lui; il fut indigné en apprenant qu'on avait voulu vendre Schütz. — Oh! dit-il, Schütz ne sera pas vendu, lui qui a été là-bas mon seul ami. Pour ce qui est des quelques meubles qu'elles veulent vendre, voici mon autorisation. Il faut, mon oncle, que demain vous retourniez à X***; vous prendrez ce qui m'appartient personnellement, et vous le ferez porter chez vous; vous ramènerez Schütz; alors ce n'est qu'après demain que je vous donnerai les instructions nécessaires pour récolter de l'argent. J'use de vous bien librement, cher oncle.

— Tu as raison, dit l'oncle Jean; mon patron est un homme excellent, auquel j'ai confié le besoin que tu as de moi, et qui me donne tout le temps nécessaire.

L'oncle Jean arriva à X*** d'assez grand matin; ces dames étaient à déjeuner, et avec elles le voisin.

L'oncle Jean donna à madame Leloup l'autorisation de son gendre, puis il fit enlever le pauvre mobilier de garçon de Hugues.

— Il m'abandonne donc tout-à-fait? dit Louise en levant au ciel ses beaux yeux noirs.

— Mais, dit l'oncle, s'il y a abandon, je ne pense pas qu'il vienne de sa part; lui, à coup sûr, ne vous eût pas laissée en prison.

— Faut-il donc qu'elle consomme sa ruine, dit madame Leloup; et d'ailleurs le peu qui lui reste ne suffirait pas pour payer *cinquante* mille francs.

— Il reste à votre fille précisément ce qu'elle avait en se mariant, puisque mon neveu n'en a rien dépensé, et je répète qu'il est arrêté pour neuf cent soixante francs.

— Nous savons ce que nous savons, dit madame Leloup encouragée par un geste de dénégation du voisin.

— Du reste, ajouta l'oncle Jean, il n'est plus besoin de discuter ce point : mon neveu m'a déclaré formellement qu'il ne recevrait rien de sa femme; je ne suis venu ici que pour emmener son chien; demain Hugues ne sera plus en prison : il a des parens et des amis qui connaissent leur devoir, quand ses ressources personnelles ne suffiraient pas.

Comme il allait dans la cour détacher Schütz, Louise le suivit.—Louise, dit-il, vous avez perdu par votre faute un brave et honnête homme, un bon mari et un bon avenir.

Tenez, dit-il, son chien n'a ni à boire ni à manger : vous êtes une méchante femme.

Louise alors redressa la tête avec orgueil, et lui dit : Monsieur, vous êtes chez moi, et quoique je sois une pauvre femme abandonnée, je trouverai bien quelqu'un qui me fera respecter.

— Madame, dit l'oncle Jean, une honnête femme ne doit pas avoir d'autre défenseur que son mari, et le vôtre est en prison parce que vous le voulez bien. Du reste, je suis ici chez mon neveu, mais une fois que j'aurai dépassé le seuil de votre maison, vous serez chez vous, car Hugues n'y rentrera pas.

Il emmena Schütz qui le suivit avec joie.

Louise les regarda partir précédés de la charrette qui emportait les effets de son mari.

Quand ils eurent disparu au détour du chemin, elle sentit sa poitrine se gonfler; elle eut un moment d'incertitude, elle entrevit la possibilité qu'elle fût trompée par sa mère, elle pensa à la douce affection, à la noblesse de celui qu'elle ne devait plus revoir.

Mais le voisin et madame Leloup vinrent la

troubler dans cette impression, pour lui montrer un carton qu'ils avaient dérobé parmi les effets appartenant au prisonnier.

Ce carton contenait des notes, des papiers d'affaires, et sa correspondance privée; quelques lettres de femmes y étaient mêlées. Madame Leloup lut à sa fille celles qui ne trahissaient en rien une date antérieure au mariage. Louise alors reprit toute son irritation contre Hugues. Le voisin se mit en route pour aller à Paris faire enregistrer l'autorisation de vendre les meubles.

Le lendemain on appela Hugues au greffe de la prison, et on lui dit : Votre écrou est levé, vous êtes libre.

Au greffe était l'oncle Jean avec Schütz.

—Mais, cher oncle, dit Hugues après avoir senti

sa poitrine se dilater aux premières bouffées d'air libre, expliquez-moi ma subite et inattendue liberté ?

— Rien n'est plus simple : j'ai pensé que tu ferais mieux que moi tes recouvremens, et d'ailleurs tu paraissais avoir au moins assez de la prison. J'ai mis ma montre et mes effets en gage, j'ai vendu une partie de ce que j'ai rapporté de X***, et le patron m'a prêté ce qui me manquait.

Hugues embrassa son oncle au milieu de la rue.

Quelques jours après, il avait fait ses recouvremens et remboursé son oncle et son patron.

Il n'avait pu trouver son ami Joseph Lebon, le marchand de tableaux, qui, sous le nom d'un autre, l'avait fait mettre en prison pour le forcer à payer un billet dont lui, Joseph Lebon, devait une partie. Le hasard ou la prudence avait fait faire un voyage à cet excellent ami.

Hugues demeurait provisoirement chez son oncle. Un matin, celui-ci lui dit : Je n'ai pu dormir, j'ai pensé toute la nuit à ta femme. Quels sont tes projets à son égard?

— Elle n'est plus ma femme.

— J'ai pensé à son extrême jeunesse, à l'influence de sa mère.

— Avez-vous aussi pensé aux efforts que j'ai faits pour la ramener à moi? avez-vous pensé à son abandon, à la sécheresse de son cœur?

— Elle a dix-neuf ans; elle est sous une influence étrangère; dans six mois, dans un an, elle sera désillusionnée, et elle viendra à tes genoux te supplier de la reprendre, de lui rendre son avenir, son bonheur, sa considération, et alors tu ne seras plus le maître de la reprendre: il faut quitter pour toujours une femme que l'on a quittée un an.

Alors elle te reprochera de n'avoir pas usé contre elle et pour elle d'une sage autorité; elle te reprochera de l'avoir laissée à la folie de sa propre volonté, à la folie plus grande de la volonté de sa mère.

— Tant que je l'ai crue égarée, trompée, j'ai lutté avec un courage au dessus de mes forces; j'ai fait pour elle mille fois plus que pour Thérèse, Thérèse que j'aimais.

— Eh! qu'est-ce que Therèse? dit l'oncle Jean.

— Je ne reverrai plus Louise, dit Hugues sans répondre à cette question, Louise n'est plus ma femme.

La discussion continua entre l'oncle et le neveu, et continua si long-temps que je n'en imposerai pas la suite à mes lecteurs.

Chacun s'épuisa à donner les meilleures raisons qu'il put trouver pour appuyer son avis, et il arriva entre eux comme dans toute discussion un peu prolongée, comme il arrive surtout aux avocats : ils perdirent de vue l'intérêt des personnes qu'ils défendaient — l'oncle de Louise, Hugues de lui-même — pour ne plus se préoccuper que de l'intérêt du triomphe ou de la défaite de leur plaidoirie. Ils se séparèrent sans solution, mais ils étaient l'un et l'autre de si excellentes gens et de si bonne foi, qu'il arriva ce qui n'arrive guère, chacun persuada l'autre, le neveu pensa qu'il fallait encore employer quelques mesures de conciliation et d'indulgence;

l'oncle fut convaincu que les torts de Louise venaient du cœur, et n'offraient aucun espoir, de telle sorte, que si deux heures après ils avaient renouvelé leur discussion, chacun aurait changé de cause.

Hugues, après le départ de son oncle, s'habilla et se dit : Je vais aller à X***, je parlerai à Louise, j'irai chercher au fond de son cœur ce qu'il peut y avoir de bons sentimens, je lui peindrai les sombres nuages qu'elle amoncelle sur son avenir;

Je lui ferai voir ce qu'elle peut encore espérer de bonheur;

Si elle est trop aveuglée pour me comprendre; mais si cependant je vois en elle le germe de quelques bons sentimens, j'emploierai une salutaire autorité, je l'arracherai à la dangereuse influence de sa mère, je l'emmènerai, je la garderai avec moi, je travaillerai avec assiduité, et en peu de temps j'aurai rétabli mes affaires.

Il descendit l'escalier. Comme il passait devant le portier, celui-ci l'appela, et lui remit une liasse de papier timbré. A travers le griffonnage le plus hiéroglyphique, il discerna le nom de sa femme, Louise Leloup, puis le sien; puis quelques termes, approchant de ceux de la langue usuelle et intelligible, lui firent comprendre de quoi il s'agissait.

C'était une plainte et une requête en séparation de corps et de biens, que sa femme lui faisait signifier; il était en même temps cité à la chambre du conseil de la première chambre du tribunal civil de première instance, aux termes des articles 877 et 878 du code de procédure civile.

C'est pourquoi, au lieu d'aller à X***, il alla passer sa matinée au musée de peinture.

Voici ce qu'avait fait madame Leloup depuis qu'elle avait perdu l'espoir de faire marcher à son gré la maison de son gendre; elle avait compris que, tôt ou tard, elle serait obligée de se séparer de lui; et c'était avec un vif sentiment d'effroi, qu'elle songeait à l'exiguité de son revenu, qu'avait augmenté, jusqu'au mariage, la fortune particulière de sa fille. Elle regretta alors amèrement de l'avoir mariée ; et la désunion qu'elle ne tarda pas à mettre entre les deux époux lui fit concevoir l'idée que, s'ils se séparaient, elle se trouverait, comme devant, jouir de la petite fortune de sa fille en surplus de la sienne.

Aussi s'était-elle empressée de vendre les meubles de Hugues, non pas jusqu'à concurrence de la somme nécessaire pour payer les dettes auxquelles elle avait contribué pour sa part, mais bien tout ce qui appartenait à son gendre et à sa fille.

De là, elle lui présenta les affaires de Hugues, comme complètement perdues, fit paraître la mention de quarante mille francs de dettes, lui fit voir que Hugues n'avait plus ni meubles, ni logement pour la recevoir, et enfin lui persuada qu'elle n'avait plus de ressources que dans sa mère; alors on la décida à faire la plainte que Hugues avait reçue.

Le lendemain, comme il déchiffrait de son

mieux les mensonges grotesques et les bouffonnes exagérations qui composent d'ordinaire ce genre de requête, le voisin de ces dames se présenta.

Il venait pour concilier cette fâcheuse affaire, voir si M. Hugues ne consentirait pas à en amortir le scandale, en faisant à sa femme une pension convenable, proportionnée à ses moyens.

Il se présentait du reste comme *l'ami* et le conseil de ces dames.

— Monsieur, lui dit Hugues, ces dames ont peut-être d'excellentes raisons pour vous mettre dans leur confidence; mais, je n'en trouve aucune qui m'engage à vous mettre dans la mienne; si donc, c'est le seul but de votre visite....

— Alors, Monsieur, puisqu'il en est ainsi, nous plaiderons.

— Monsieur, dit Hugues, je vous serai obligé de fermer la porte en vous en allant.

— Très-bien, Monsieur.

Et le voisin sortit.

Hugues, qui ne demandait pas mieux que d'être séparé de sa femme, ne parut pas à l'audience à laquelle il était cité; et on ordonna alors qu'on passerait aux débats.

Dans une seconde audience les faits furent déclarés *pertinens;*

Hugues les déclara *impertinens* et ne bougea pas.

Mais il ne tarda pas à apprendre que madame Leloup avait écrit à ses connaissances des circulaires fort injurieuses pour lui, dans lesquelles on l'accusait d'avoir ruiné et abandonné sa femme, après une foule de mauvais traitemens.

— Cher neveu, dit l'oncle Jean, si tu laisses prononcer contre toi la séparation que l'on demande, ce sera avouer tacitement les faits plus ou moins odieux qui te sont imputés.

Aussi Hugues, ayant reçu une assignation à

huitaine franche, *pour se voir condamner à*, etc., se présenta-t-il à la chambre de première instance.

Mais, comme à la fin des huit jours désignés, il se trouvait un dimanche et un lundi, jours de vacances au palais, huitaine franche signifiait le treizième jour, ce que Hugues n'eût certes pas deviné, si un avocat ne le lui eût charitablement appris.

Votre affaire ne vient que mardi prochain.

— Je vous remercie.

— Comment votre avoué a-t-il pu se tromper à cela?

— Comment, mon avoué?

— Oui! l'avoué qui s'est constitué pour vous.

— Je ne sache pas qu'il se soit constitué pour moi aucun avoué.

— Félicitez-vous alors que votre affaire n'arrive pas aujourd'hui, vous auriez été condamné par défaut.

— Comment! par défaut? je croyais qu'on condamnait par défaut un absent.

— Sans avoué, vous êtes considéré comme absent.

— Mais, je dirai que je suis là.

— La justice ne vous entendra pas et ne vous verra pas.

— Elle est donc sourde et aveugle?

— La constitution d'un avoué peut seule lui affirmer votre identité.

— Ainsi il me faut un avoué?

Il est singulier, disait Hugues en traversant pour s'en aller la salle des Pas-Perdus, qu'un honnête homme accusé injustement et ridiculement ne puisse faire ses affaires lui-même.

Il alla trouver un avoué qui voulut lui faire prendre un avocat; mais cette fois, comme la loi ne l'y obligeait pas, comme l'avoué ne lui donnait pour raison que son propre avantage,

Hugues tint bon et annonça formellement qu'il plaiderait lui-même.

Et d'ailleurs, il avait lu dans Beaumarchais :

« Un homme qui a quelque instruction et un peu d'esprit parlera toujours mieux dans sa propre cause que le meilleur avocat. »

Hugues avait, sur la requête, composé une plaidoirie très-courte et très-simple.

« La loi, devait-il dire, a fixé d'avance les cas dans lesquels la séparation peut être ordonnée. Or, en prenant un à un tous les faits articulés par la plainte, sans avoir même aucun égard à l'exagération ordinaire de cette sorte de pièces, on n'y trouverait aucun grief qui tombât dans les cas prévus par la loi. Je serai devant vous, Messieurs, seulement pour ne pas faire défaut, seulement pour obéir à la citation qui m'a été faite ; je ne me défendrais pas, que vous ne pourriez me condamner.

Je me défendrai néanmoins, parce que les faits qui me sont imputés, tout insuffisans qu'ils sont pour le parti qu'en veulent tirer mes adversaires, sont cependant de nature à porter atteinte à ma considération.

Ici Hugues devait démentir par des preuves faciles les allégations assez niaisement entassées dans la requête.

Puis il aurait terminé par une péroraison sur laquelle il avait quelque raison de compter beaucoup.

« Vous ne pouvez donc, Messieurs, prononcer la séparation contre moi, sur les faits tels que les présente la requête.

Ces faits, je viens d'ailleurs de prouver leur fausseté.

D'autre part, si je demandais la séparation à mon tour; attendu que la loi, dans sa sagesse, la prononce contre la femme sur des faits qui, avec l'apparence d'une gravité moins grande, sont cependant au moins aussi importans relativement, je soutiens que vous ne pourriez pas me la refuser.

Hé bien, je ne demande pas la séparation, je demande même qu'elle ne soit pas prononcée, parce que ma femme est jeune; parce qu'elle est sous une influence étrangère et pernicieuse, parce que j'espère, à force de soins, de patience et d'affection, la ramener à des idées plus saines et au bonheur. »

Voici ce que Hugues avait dessein de prononcer à l'audience.

Mais un avocat se leva pour parler contre lui, et cet avocat était précisément le voisin qu'il avait mis à la porte peu de temps auparavant. Cette circonstance commença par le mettre de mauvaise humeur.

« Messieurs, dit l'avocat, deux femmes trompées, ruinées, abandonnées, sans secours, sans appui, empruntent ma voix pour vous demander aide et assistance; une mère qui a tout sacrifié pour sa fille, une fille qui s'est vu tout enlever par un mari dissipateur et débauché, viennent vous demander justice et se mettre sous la sauve-garde des lois. »

Hugues devint bleu de fureur, en entendant accoler à son nom ces étranges épithètes. Il aurait interrompu l'avocat, sans son avoué et son oncle qui le continrent de leur mieux.

« Notre partie, continua l'avocat, a cru pouvoir apporter, dans les relations les plus sacrées, dans les nœuds les plus respectables, les caprices d'imagination, le dévergondage d'esprit, que l'on tolère dans les artistes pour ce qui a rapport à leur art. Il a cru que, par cela seul qu'il était quelque peu peintre, il avait le droit de n'être ni époux, ni citoyen : il a pris au sérieux la mythologie, et a élu domicile dans les nuages, sans se soucier des lois de la terre.

Il a froissé les plus purs sentimens : l'amour maternel le plus désintéressé et le plus dévoué, d'une part ; d'autre part, la tendresse conjugale la plus patiente, la plus résignée. Car ce n'est pas sur des premiers torts, que mes clientes ont recours à votre justice : c'est après avoir long-temps, dans le silence, dévoré leurs douleurs et leurs larmes ; c'est après avoir eu recours aux prières, aux supplications, aux pleurs ; à ces armes que le Ciel a données aux femmes, et qui triomphent des hommes les plus durs ; mais qui ont échoué devant l'homme qui semblait se faire un jeu cruel du mal qu'il leur faisait chaque jour.

C'est au dernier degré du découragement, que nous venons devant vous.

Ici, l'avocat accusa Hugues d'avoir dilapidé la fortune de sa femme, et d'avoir, avec cette fortune, entretenu des *filles d'opéra*; d'avoir maltraité la fille et la mère ; d'avoir abandonné sa femme sans secours, sans ressources, etc.

Tout cela dura trois heures.

La réponse de Hugues était bien facile, s'il s'en était tenu à ce qu'il avait préparé; s'il s'était contenté d'y joindre le récit exact et succinct de sa vie depuis son mariage; s'il avait affirmé que la fortune de sa femme, non seulement n'avait pas été détruite, mais qu'elle ne pouvait même pas être aliénée; qu'aucune des clauses du contrat n'avait été exécutée; que les autres allégations demandaient à être prouvées, etc.

Mais il débuta par faire une affreuse scène aux juges qui avaient permis à l'avocat de se servir à son égard de termes peu mesurés.

Il voulut établir une chose qui ne manque pas de justesse :

Que l'institution des avocats a pour cause principale la crainte de voir les plaideurs se livrer à une aigreur de discussion, peu séante devant la justice et peu instructive pour les juges. Que si lui, Hugues, plaidant pour ses propres intérêts, sortait des bornes de la modération la plus stricte, on ne manquerait pas de lui ôter la parole. Qu'à plus forte raison un avocat devait être circonscrit dans les mêmes limites.

Mais, outre qu'il n'est jamais très-adroit de faire des remontrances à ses juges, les paroles de Hugues arrivèrent sur ses lèvres comme ses idées dans sa tête, pêle-mêle, incohérentes, pressées, choquées, de telle sorte que le président l'invita à se taire ou à parler avec plus de modération; mais il lui venait à la fois tant de choses justes et bonnes à dire qu'il se récria contre la gêne qu'on lui imposait, parla avec encore plus d'aigreur et d'emportement.

Le président alors lui *ôta la parole* : —Faites plaider pour vous un avocat.

Hugues annonça que, puisqu'il en était ainsi, personne ne plaiderait.

Il se retira.

On le condamna par défaut aux conclusions de l'avocat; à savoir : à ne plus fréquenter une femme dont il ne voulait plus à aucun prix.

A restituer une dot qu'il n'avait pas reçue.

A restituer les quatre mille francs et les meubles vendus par madame Leloup.

A payer les frais du procès.

Deux heures après, il avait dit adieu à son oncle, emportant sa boîte à couleurs et trois cents francs, et suivi de Schütz.

— Cher oncle, dit-il, je vivrai partout de mon métier; en attendant, je vais, pour me reposer l'esprit et le corps, aller passer quelques temps à Étretat.

Je reverrai Thérèse.

— Qu'est-ce que Thérèse? dit l'oncle Jean.

Mais cette question n'obtint pas plus de réponse que la première que l'oncle avait faite une autre fois sur le même sujet.

Hugues continua :

— Pauvre fille, ou elle est morte ou elle m'attend.

Ce sont en effet les deux seuls cas prévus d'ordinaire par les romans.

Etretat. — Le jour de l'Assomption.

Le jour de l'Assomption, le soleil se leva avec un éclat inaccoutumé. Dès que ses premiers rayons se reflétèrent dans les gouttes de rosée suspendues aux aiguillons verts des ajoncs, tout se disposa pour la cérémonie ordinaire de la fête de la Vierge.

Mais M. le curé paraissait mettre quelque hâte dans son office, les pêcheurs de leur côté manifestaient quelque impatience; depuis le matin un frais vent d'est jetait dans la vallée quelques fleurs d'or qu'il détachait des ajoncs de la côte d'amont; aussi dès que la mer fut bénite, les pêcheurs et leurs femmes s'empressèrent de quitter leurs vêtemens du dimanche, et un grand mouvement se fit dans toute la commune.

Si le vent se soutient, comme tout semble le présager, on ira à la pêche demain, et il faut aujourd'hui livrer aux mareyeurs les maquereaux pris hier; les hommes et les femmes comptent les maquereaux, emplissent les paniers, les emballent dans de la paille et les attachent. De toutes parts des attelages nombreux arrivent des fermes voisines; depuis la veille on n'a épargné ni soins, ni peines, ni intrigues, non seulement pour se procurer des chevaux, mais aussi pour empêcher les rivaux d'en avoir. Les premiers d'entre les mareyeurs qui arriveront au Hâvre ou à Fécamp auront tout le bénéfice de la vente. Tel met huit chevaux de la grosseur de nos timoniers à une de ces longues charrettes à deux roues, qui balancent sur leur essieu, quand quatre ou cinq suffiraient pour la conduire; mais cela fait trois ou quatre chevaux dont un autre ne pourra pas profiter. Tous les chevaux ne sont pas propres à ce travail; dans la ville de Paris et sa banlieue, on n'en trouverait pas quatre capables de fournir comme eux une traite de six ou huit lieues au galop. A mesure qu'une voiture est pleine, un valet en blouse et en sabots s'élance, assis sur un des chevaux, et tenant toutes ses guides de corde rassemblées dans une main, il excite avec un immense fouet les paresseux et les retardataires. Deux, trois voitures partent en même temps : alors les fouets et les jurons résonnent à l'envi, les mareyeurs encouragent leurs gens.

— Jean! deux pistoles, si tu arrives le premier.

— Pierre! crève les chevaux.

— Éloi ! tes bêtes sont ferrées de neuf, touche hardiment.

Alors commence une course assez effrayante : trois voitures, attelées de six à huit chevaux chaque, partent au plus grand galop des chevaux, par des chemins raboteux, pierreux, souvent étroits ; montée, descente, rien ne les arrête, rien ne les ralentit ; les fers des chevaux, le bruit des roues, celui des fouets, les cris des charretiers, les annoncent de loin aux piétons et aux voituriers qui s'empressent de se ranger pour ne pas être renversés. A peine ceux-ci sont en route, que l'on charge d'autres voitures ; tout le monde parle, marche, discute à la fois ; les marchés se proposent, se concluent et se ratifient en buvant à la hâte un verre de genièvre.

Au milieu de ce mouvement, Vilhem seul, étendu sur la mousse, fume, et suit du regard la fumée de sa pipe qui change de couleur en se dilatant, et semble porter sa vapeur à ces nuages qui s'amoncellent devant le soleil qui descend en face de la baie. M. le maire l'a chargé d'écrire trois couplets qu'il se propose d'improviser à un dîner auquel M. le sous-préfet lui a fait l'insigne honneur de l'engager.

C'est à ce moment que Hugues arriva à Étretat par le chemin qui l'y avait conduit la première fois.

Comme la première fois, il s'arrêta ému et pensif à l'endroit où, après la dernière montée, on voit les maisons d'Étretat dans la vallée, et la mer qui s'étend immense à l'horizon.

A cette heure, elle était d'un bleu sombre, et l'horizon était chargé de nuages violets bordés d'une frange de pourpre et de feu ; les sommets des falaises étaient encore éclairés d'un jour complet et peut-être plus lumineux qu'au milieu de la journée, tandis que l'ombre commençait à se répandre dans le fond de la vallée : là, le jour remontait au ciel, emportant le dernier parfum de la terre, le dernier son des cloches, et la prière qu'une poétique piété a imaginé de placer à cette heure solennelle. L'émotion de Hugues n'avait plus cette fois ce vague et cette rêverie qui s'étaient emparé de lui lors de son premier voyage. A cet aspect majestueux, dont ses sens étaient frappés, dans cette vallée obscurcie, il voyait errer les ombres des plus douces journées de sa vie, les fantômes de ses illusions les plus chères, de ses plus précieuses espérances.

Dans cette nuit qui rendait tout confus était la maison de Thérèse. Dans ce faible bruit de voix mêlées qui montait jusqu'à lui, devait être la voix de Thérèse qui priait ou qui chantait.

Il descendit la côte et s'arrêta encore un moment à l'extrémité de la rue où était la maison de maître Kreisherer ;

Cette maison si pleine d'harmonie, d'amour, de doux souvenirs.

Puis il songea qu'il n'y pouvait entrer subitement :

Peut-être Thérèse est morte, morte de la douleur de mon lâche abandon. Comment oserai-je soutenir le regard de maître Kreisherer, ce regard qui me redemandera sa fille ?

Où elle m'attend, et, à cette joie de me revoir, comment opposer les terribles paroles : Je suis marié!

Il passa devant la maison, et s'arrêta un moment en face de la porte. Elle était, comme autrefois, éclairée en dedans. Mais son cœur se serra douloureusement en remarquant qu'on avait arraché ce pampre entre les feuilles duquel lui avait apparu pour la première fois la tête blonde de la fille du clerc.

A un mouvement qui se fit dans la maison, il prit la fuite comme un criminel, et ne s'arrêta qu'au grand air, alors que le souffle du vent de la mer vint raffraîchir sa tête embrasée.

Je vais, pensa-t-il, m'informer de ce qui s'est passé dans mon absence. Mais il n'osa affronter ce bruit et ce mouvement qui régnaient sur le perré. Il se disposa à monter alors la côte d'aval pour se diriger vers la maison de Vilhem, mais il avait dû, depuis deux heures, renoncer à une chance certaine d'un bon accueil de la part du pêcheur. Schütz, qu'il lui ramenait, s'était perdu en traversant les rues du Hâvre.

En traversant le perré, il rencontra M. le maire et M. Bernard.—Allons, M. Bernard, disait M. le maire, Roland se retrouvera, venez faire notre partie de piquet.

— C'est singulier, disait M. Bernard, quoique je sois en tout point de l'avis de M. le maire, et que je ne doute pas que Roland doive revenir, je lui avouerai que je suis quelque peu inquiet. Depuis qu'un hasard bienheureux a débarrassé la commune de cette espèce d'ours que le pêcheur Girl voulait faire passer pour un chien, je n'ai pas vu Roland saisi d'une semblable frayeur. M. le maire l'a vu s'enfuir et s'aller cacher je ne sais où, malgré mes prières et mes menaces.

— Allons, allons, M. Bernard, je vous ai dit une fois pour toutes, que Roland n'est pas perdu et que je suis impatient de voir si vous vous laisserez faire capot comme hier.

M. Bernard n'osa plus répondre à M. le maire, et le suivit en silence, interrogeant par momens d'un regard inquiet l'ombre qui recélait probablement Roland.

Roland s'était réfugié dans une fente de roche, où l'expérience lui avait appris que les proportions de Schütz le mettaient entièrement à l'abri, car c'était l'approche de son ancien tyran qui avait ainsi terrifié le chien du Pylade de M. le Maire.

Je dis Pylade, parce qu'il y a une chose à remarquer dans la plupart des amitiés. Comme dans la tragédie de Racine, où Pylade est tutoyé par Oreste, et ne le tutoie pas, il y a un des deux amis qui est subordonné à l'autre ; il y a le premier et le second ami. Le second ami est d'ordinaire un confident, un compère, chargé de mettre en relief les avantages du premier ami, avec une abnégation personnelle absolue.

Comme il m'est arrivé, dans le cours de ce livre et dans quelques autres qui l'ont précédé, de parler avec ironie ou mauvaise humeur, des amis et de l'amitié, je juge à propos de mentionner en passant, que, au milieu des fausses et dérisoires amitiés qui ont froissé ma vie, il en est une que j'ai trouvée toujours fidèle et exacte, négligente parfois dans les courts momens où mon ciel était bleu, assidue sitôt que mon horizon semblait s'assombrir.

A toi donc, Léon Gatayes, à toi dont la harpe m'a si souvent consolé, quoique je sois moins fou que Saül, et que tu sois meilleur musicien que David; à toi que les gens qui nous connaissent confondent si fréquemment dans leur mémoire et leur affection; à toi que les pêcheurs d'Étretat appellent Alphonse, en m'appelant Léon; à toi cette page dans ces sept cents qui appartiennent à tous.

Schütz avait reconnu dès le Hâvre, sa patrie, le pays où était son maître ou plutôt son ami Wilhem Girl; et il avait pris sa course vers Étretat où il était arrivé long-temps avant le cheval qui portait l'étudiant.

Il avait trouvé Vilhem couché sur la mousse, et Vilhem l'avait couvert de baisers et de larmes de joie.

Ah! te voilà donc mon ami, mon enfant, mon bon Schütz, tu es toujours beau, ta fourrure est toujours épaisse et luisante; te voilà donc revenu?

Viens, mon bon chien, viens revoir ton canot, viens à la mer par cette belle soirée, viens respirer avec moi cet air frais.

Hugues les rencontra qui descendaient ensemble la côte d'aval.

Il entra avec eux dans le canot, et le vent d'est enflant la voile, ils gagnèrent le large et perdirent les falaises de vue.

— Il s'est passé bien des choses depuis la dernière fois que nous ne nous sommes vus, dit Vilhem.

— Oui! dit l'étudiant qui n'osait encore parler de Thérèse, et dont toute l'âme était dans les oreilles pour épier le premier mot qu'en allait dire le pêcheur. Cependant à ce moment il n'eut pas le courage d'affronter la fin de son incertitude, et il parla lui-même, pour retarder de quelques instans ce qu'allait dire Vilhem.

— Je me suis marié.

— Je le sais, dit Vilhem.

Un an après votre départ, continua-t-il, le clerc est mort, Thérèse seule, sans appui, sans secours, méprisée à cause de vous, poursuivie par l'amour d'un rustre, chassée de la maison où vous l'aviez connue, Thérèse a douté de la Providence qui, si prodigue pour parer son corps et son âme, avait abandonné, comme une marâtre, son innocente vie aux plus cruelles angoisses, au désespoir le plus profond.

Thérèse s'est vue seule dans la vie, sans avenir, sans espoir; l'existence lui a semblé trop pesante : elle a voulu la rejeter.

Elle s'est renfermée dans la maison où était mort maître Kreisherer et qu'il lui fallait quitter le lendemain. Elle a dit adieu à une vie qui s'était montrée si féconde en promesses et avait tenu si peu; elle a écrit ses dernières volontés, puis elle a allumé un grand réchaud plein de charbon, et elle s'est couchée en demandant pardon à Dieu et en le priant de la recevoir dans son sein avec sa mère et son père qui l'attendaient.

— Ah! s'écria Hugues, mes pressentimens ne m'avaient pas trompé. O mon Dieu, dit-il en se jetant à genoux dans le fond de la barque, ô mon Dieu, c'est moi qui ai besoin de pardon, car c'est moi qui ai fait tout le mal.

Et que me ferait votre pardon? ajouta-t-il, que pouvez-vous pour moi, mon Dieu, après avoir rappelé à vous cette douce Thérèse que vous aviez faite mon ange gardien sur la terre, que vous aviez chargée de me dispenser la part de bonheur que votre bonté m'avait réservée?

— Enfant, dit froidement Vilhem, vous n'êtes pas changé.

Il n'appartient qu'aux hommes de faire des tragédies dont le commencement fasse deviner la fin; la Providence est plus mystérieuse dans ses voies. Dans la vie réelle, les romans n'ont pas de second volume, les drames n'ont pas de cinquième acte.

Écoutez la fin de mon récit :

J'avais quelque sujet d'être inquiet de Thérèse, et j'entrai chez elle...

— Au nom du Ciel, s'écria Hugues, à votre tour, Vilhem, ne procédez pas par longues narrations comme les romanciers; Thérèse est vivante; où est-elle? que fait-elle?

— Tenez, dit Vilhem, portez vos regards vers le sud-ouest.

— Du côté où, entre les étoiles, brille une étoile plus rouge que les autres?

— Précisément. Hé bien, cette étoile rouge, c'est une lumière qui éclaire ma maison. Dans ma maison est Thérèse, Thérèse qui est ma femme, parce que c'était le seul moyen de lui faire payer le tribut de considération que lui doivent les imbéciles qui l'entourent; Thérèse qui ne m'aime pas comme elle vous a aimé, parce qu'un seul amour dévaste le cœur; mais

qui s'appuie sur moi et sait que je serai toujours entre elle et le coup qui voudrait la frapper. Thérèse qui est heureuse, autant qu'elle peut l'être, après ce que vous avez emporté de son âme et détruit de ses croyances. . . . . .
. . . .

— O Thérèse! dit l'étudiant se tournant vers cette lumière confondue parmi les étoiles, ô Thérèse! noble fille, l'atmosphère qui t'entourait était le ciel, et j'en suis tombé. . . . .
. . . .

Des sens attribués à l'homme, le plus précieux et le PLUS RARE *est sans contredit* LE SENS COMMUN.

Les erreurs où nous tombons, a dit un philosophe, ne nous instruisent pas plus que les chutes de l'aveugle qui a perdu son bâton.

Quelques mois après, Hugues, séduit par les déclamations des journaux, se fit philhellène et alla délivrer du joug de ses oppresseurs la patrie de Miltiade et de Thémistocle. Mais il trouva dans les Grecs des esclaves voleurs et perfides, qui lui volèrent sa montre dans les plaines de Marathon et sa bourse aux Thermopyles.

Quinze jours après son arrivée, il passa aux Turcs qu'il trouva probes, sincères, fidèles et religieux à la foi promise.

Blessé dangereusement par un Grec, il revint en France richement récompensé par les Turcs;

Mais il tomba entre les mains de philanthropes qui essayèrent sur lui des expériences au bénéfice de l'humanité souffrante et le firent mourir de faim en le nourrissant de consommés faits avec des moules de bouton.

Je le vis encore une fois pour recueillir ses dernières paroles :

— Ah! dit-il, j'aurais mieux fait, le jour de l'Assomption, de passer par dessus la falaise !

FIN.

TABLE DES CHAPITRES

CONTENUS DANS LE SECOND VOLUME.

Un Merle blanc. 1
Le Chemin le plus court. 9
Un Mariage d'argent. 43
Les jours se suivent et se ressemblent. 123
Un beau jour. 189
Étretat. — Le jour de l'Assomption. 343

LIBRAIRIE DE CHARLES GOSSELIN.

VOYAGE EN ORIENT, OU NOTES D'UN VOYAGEUR (1832-1835), par *M. Alphonse de Lamartine*. 4 vol. in-8°, papier superfin satiné, avec portrait, tableau des tribus arabes, et deux cartes itinéraires de lieux visités par l'auteur. Prix : 30 fr. »

HARMONIES POÉTIQUES, *par le même auteur*; quatrième édition. 2 vol. in-8°. Prix : 15 fr. »

JOCELYN, ÉPISODE, journal trouvé chez un curé de village, par le même auteur. 2 vol. in-8°. Prix : 15 fr. »

DE L'ÉDUCATION DES MÈRES DE FAMILLE, ou de la civilisation du genre humain par les femmes, par L. Aimé Martin. 2 vol. in-8°. Prix : 16 fr. »

POÉSIES DE J. REBOUL, boulanger à Nîmes, avec préface de M. Alexandre Dumas et une lettre de M. Alphonse de Lamartine. 1 vol. in-8°. Prix : 7 fr. 50

ESSAI SUR LA LITTÉRATURE ANGLAISE, et considérations sur le génie des temps, des hommes et des révolutions, par M. le vicomte de Châteaubriand. 2 vol. in-8°, papier superfin satiné.

LE PARADIS PERDU DE MILTON, traduit en prose par M. le vicomte de Châteaubriand, avec le texte en regard. 2 vol. in-8°, papier superfin satiné. Prix des 4 vol. 30 fr. »

PRÉCIS DES CAMPAGNES DE JULES CÉSAR, PAR L'EMPEREUR NAPOLÉON, suivi de mélanges inédits écrits sous sa dictée à Sainte-Hélène, par M. Marchand. 1 vol. in-8°. Prix : 7 fr. »

Ce volume, qui fait suite à ceux qui ont été déjà publiés par MM. les généraux Gourgaud et Montholon, et dont l'authenticité est attestée par M. Marchand, est orné d'un plan de la main de l'Empereur.

Paris. — Imprimerie de P. BAUDOUIN, rue Mignon, 2.

www.ingramcontent.com/pod-product-compliance
Lightning Source LLC
Chambersburg PA
CBHW050251170426
43202CB00011B/1644